KB142790

실존주의자들에게 인생의 즐거움을 묻다

이하준 교수가 전하는 자기 서사적 삶의 희열

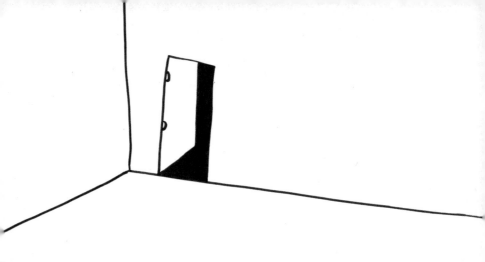

실존주의자들에게
인생의 즐거움을
묻다

책읽는수요일
Books
on Wednesday

자기 서사란 자기의 역사를 만들어가는 의식적 활동이자 다양한 방식의 자기 존재의 표현이다. 자기 서사는 내가 쓰는 나의 삶의 역사이고 지금 여기라는 실존적 의식의 흔적들이다.

지구라는 별에서 살아간 사람 중에 누구보다도 크게 자기 서사를 말해왔고 그렇게 살아가려 분투했던 사람들이 실존주의자들이다.

자기 자신을 가장 미워했지만 가장 사랑했던 사람들, 삶은 흐리고 불안하고 우울하지만은 않다는 것을 보여준 사람들, 치열했고 부서졌고 사랑했고 그 누구보다 찬란했던 사람들…….

이제, 자기 서사적 삶의 희열을 선취한 실존주의자들이 절대
고독과 절대자유 그리고 절대책임만을 이야기한다는 오인을 벗
어 던질 때도 되었다.

CONTENTS

Ⅲ부.
치열했고 부서졌고 사랑했고
찬란했던……

IV부.
희극과 비극,
그 무엇으로도 덧칠할 필요 없는 우리 삶을 위하여

TV를 켜놓고 잠드는 당신에게

한여름의 태양을 통과할 때 누군가 먼저 가을을 이야기했다. 그 가을은 무엇인가 할 수 있을 것 같다는, 무엇인가 풍요로울 것 같다는 느낌을 주려 애쓰는 듯했다. 몇 달이 지나 가을이 되었다. 아파트 한쪽 화단에 모과가 옷을 벗어 던지며 세월의 흐름을 알리고 감나무 잎이 옅은 주홍빛으로 찰나의 순간을 빛내고 있다. 유독 더운 여름이었는데 그들은 그렇게 가을이 되었다. '아, 이 자연의 색감을 어떻게 표현할 수 있을까', '내가 그렸으면 좋겠다'라는 생각이 스쳐갔다. 몇 초 후에 그 감흥은 소리 없이 사라진다.

어떤 이는 유니폼을 입고, 어떤 이는 이어폰을 끼고 어떤 이는 등산복을 입고 어디론가 가는 아침의 풍경이 이제처럼 오늘도 내 시선에 들어온다. 익숙해진 엔진 소리를 내며

늘 다녔던, 아마 내일도 가게 될 그 길을 찾아간다. 차를 몰아 일터로 가는 길, 오늘도 내 앞과 뒤에 수많은 차들이 줄지어 서 있다.

어디론가 가는 시간 속에, 어디서나 만날 수 있는 풍경의 반복, TV를 켜놓고 있지만 보지 않는 삶의 순간과 같은 무표정한 시간들이 생의 한가운데를 지나가고 있다.

존재의 불안과
생의 허무로부터의 사색

살아오면서 일상에서 소소한 행복을 느끼라는 이야기를 참 많이 들었던 것 같다. 그래서 그걸 조금은 실천해보려고 한 듯도 하다. 때론 열심히 일한 만큼 일상이 주는 그 무엇인가의 감정이 좋기도 하다. 계획을 세우고 무엇을 하고 누군가와 삶의 찬가를 노래하려 해보기도 하고……. 친구들이나 주위 사람들도 마찬가지다. 월화수목금금금을 달리는 이는 그것 자체가 살아 있음을 만끽하는 순간이라고 말해주기도 한다. 페이스북과 인스타그램에 오늘도 고개를 내밀어 인사를 하는 이가 있고, 지루함과 권태가 벌레처럼 온몸을 헤집어 누군가는 지금 이 순간 무너지고 있다.

일상은 참 다양한 표정을 짓는다. 하지만 자세히 보면 일상이라는 삶의 시공간은 그 무엇도 저절로 일어나는 곳이 아니다. 그저 우리가 무엇을 '했고', 무엇이란 '의미'를 부여하고 채우는 일이 일상이다.

의미 없는 것들, 아니 더 정확히 말하면 의미와 관련 없는 '사건들의 조각 묶음'인 일상, 그 일상의 긴 묶음인 생에 대해 우리는 무엇인가의 의미를 찾으려 하고 의미를 부여하려 한다. 어제도 그랬고, 내일도, 그리고 생이 끝나갈 때까지 그럴 것이다. 그건 아마도 이성을 가진 인간의 운명과 같은 것이 아닐까. 사건들과 그것의 연속인 생에 대한 형이상학적 색칠하기가 이성의 운명이고 인간의 숙명이다.

왜 그럴까? 대답은 의외로 간단한 것 같다. 어느 것 하나 명확하게 말할 수 없다는 것, 어느 것 하나 확실하게 알 수 없다는 것, 어떤 것 하나 어떻게 행위하는 것이 옳은가 확신할 수 없기 때문이다. 과학주의의 세례를 받은 사람도 생의 문제 앞에서는 방황하고 고민한다. 논리와 이성으로 설명하는 데 한계에 부딪치는 것이 바로 우리들의 삶이기 때문이다. 의미, 정서, 재미의 영역은 논리와 과학의 설명만으로 해명될 수 없는 영역이다.

의미를 천착한 인물인 소크라테스는 살 만한 가치가 있는 삶이란 자기 삶의 의미를 검토하는 삶이라고 말했다. 이 말을 받아 칸트는 '인간이란 무엇인가'가 사유하는 인간의 궁극적인 물음이라고 생각했다. 이 질문은 개별자의 관점에서 '나는 누구인가'로, 지평이라는 시각에서는 '삶이란 무엇인가'로 치환된다.

생의 한가운데서 불안, 두려움, 무력감, 불확실성, 불투명성, 삶의 공허와 존재의 결핍감이 우리를 지배할 땐 딱히 시원한 대답을 찾기 어렵다. 그 이유는 개별자의 존재의 우연성과 실존적 상황의 임의성 그리고 자기 진실성의 정도와 물음의 태도가 각각 다르기 때문이다.

무엇보다도 결정적인 것은 그 물음을 던지는 우리 인간이 유한한 존재라는 데에 있다. 비트겐슈타인이 말할 수 없는 것에 대하여 말하지 말 것을 권유하는 데는 명제 판단이 어려운 문제라는 이유도 숨어 있다.

자기 서사와
실존주의자들

자기 서사란 자기의 역사를 만들어가는 의식적 활동이자 다양한 방식의 자기 존재의 표현이다. 하고 싶을 때 하고 하기 싫을 때 하지 않는 자기 서사란 없다. 자기 서사는 내가 쓰는 나의 삶의 역사이고 그 역사는 멈추지 않는, 지금 여기라는 실존적 의식의 흔적들이다.

지구라는 별에서 살아간 사람 중에 누구보다도 크게 자기 서사를 말해왔고 그렇게 살아가려 했던 사람들이 실존주의 자들이다. 그들의 삶은 하나하나가 자기 서사이고 실존이었다.

나무와 꽃 혹은 실존의식 없는 익명의 존재로 살지 않고자 한다면 한번쯤 그들의 이야기에 귀 기울여볼 만하다. 그들도 우리처럼 약한 존재였음을 자기 삶에서 보여주고 있고, '그럼에도 불구하고' 실존하고자 했다. 누구보다 불안했고, 누구보다 생에 불만이 많았으며, 누구보다 자기 삶에 확신을 가지고 싶었던 그들이었다. 그들은 자기 스스로를 바라보는 시선을 놓치지 않았고, 고독 속에서 부서지고 다시 일어나고, 마침내 자유롭게 살고자 했다. 그들 삶의 찬란함은 바로 그 삶에의 치열함, 자기 서사적 삶의 희열에 있다. 스스로 실존하려 하는 한 우리도 그들처럼 하나의 실존이다.

조금 덜 외롭고 조금 덜 무섭고
조금 덜 미안하기 위하여

그들은 우리에게 각각의 방식으로 '어떻게 하면 자기 서사의 삶을 살 수 있는가?'를 말해준다. 자기 서사는 어디서

부터 시작해야 하는가? 자기 서사는 우리 자신의 실존적 모습의 다양한 갈래를 확인하는 데서 시작된다.

무료함과 의미 없음에 어쩔 줄 몰라 하는 우리에게 사르트르와 카뮈가 말을 건다. 이와 정반대로 우리는 종종 알 수 없는 절망과 같은 불안, 극복하기 어려운 불안이나 자기 감금과 존재의 망각에 빠지기도 한다. 키에르케고르와 카프카는 이와 같은 문제에 봉착한 이들에게 하나의 길을 안내한다.

불안함과 존재망각을 스스로 치료하려는 사람들도 많다. 이들의 대증요법은 일상인의 행복예찬, 타자에게 편안하게 의존하기, 색깔 없는 평균적인 삶의 방식이다. 우리는 이것을 버지니아 울프의 댈러웨이 부인이나 하이데거의 다스만에서, '우리는 행복해'라고 주문을 외워보는 베케트의 에스트라공과 블라디미르에서 찾아볼 수 있다.

자기기만과 최면, 눈감음과 대증요법으로 실존의 문제가 해결된다면 산다는 것은 참 쉬운 일일 것이다. 삶의 번뇌 역시 그저 남의 일일 것이다. 하지만 아쉽게도 자기 서사의 길은 힘과 에너지, 정열을 모으는 것이고 그 속에서 희열을 찾는 먼 길이다.

그 속에는 조이스의 스티븐처럼 종교와 이데올로기 등의 수많은 억압의 기제와 야스퍼스가 말하는 근원적 한계상황과 맞서야 하는 순간들이 있다. 때론 오이디푸스처럼 운명처럼 느껴지는 나의 삶과 마주하며 싸워야 한다. 니체의 사자처럼 용과 싸우고 어린 왕자처럼 지구별의 어른들과 싸우는 어린아이가 되어야 한다. 흥미롭게도 니체와 생텍쥐페리는 자기 서사를 말하면서 고독과 생성의 공간으로서 사막과 진정한 자기서사의 완성자로 어린아이라는 메타포를 공유한다.

보부아르의 모니크도 영원한 타자를 벗어나 제1의 성이 되기 위해 자기 서사의 길을 걸어간다. 자책에 빠지고 포기하려다 자기 삶의 서사를 시작하는 모니크가 남자 사람들과 반드시 싸워야 하는 것은 아니다. 사이존재의 실존인 나와 다른 실존이 만난다면 싸움은 부질없는 것이 된다. 우리의 친절한 부버는 만날 것을 권한다. 그가 초대한 만남에는 진지한 공감과 삶의 즐거움을 나누는 경쾌한 대화가 열려 있다.

실존적 삶의 시작과
재미의 발견

자기 서사와 삶의 희열을 우리에게 보여주는 실존주의자들이 단순히 절대고독과 절대자유 그리고 절대책임만을 이야기한다는 오인을 벗어 던질 때도 되었다. 실존주의자들이 던진 최후의 사자후는 자기 서사에의 용기와 용기 있는 사람들 사이의 실존적 사귐이었다.

그들은 삶은 흐리고 불안하고 우울하지만은 않다는 것, 본래적인 자아 찾기로서 자기 서사가 진정한 실존적 삶의 시작이고 재미의 발견이라는 것을 말하고 있다.

시월의 어느 가을날에

이하준

I부

왜
지금
자기 서사적 삶을
시작해야
하는가?

Chapter 01

나는 외로워, 나는 외로워, 나는 외로워

생텍쥐페리

Antoine Marie-Roger de Saint-Exupery

1900 ~ 1944

생텍쥐페리는 비행에 탐닉하고 형언할 수 없는 경험을 맛본 사람이다. 그는 마치 비행을 위해 태어난 사람처럼 살다 간 인물이며, 그의 작품에는 그런 삶의 모습이 고스란히 배어 있다. 그의 소설 《전시 조종사》, 《남방 우편기》, 《야간 비행》, 《인간의 대지》, 《어린 왕자》에는 비행, 비행 사고, 동료 이야기가 주요 소재를 이룬다. 《인간의 대지》에서는 1935년 리비아 사막에 추락해 닷새 동안 죽음의 문턱을 넘나들다 구조되는 사건이 소개되고 있다.

실제로 생텍쥐페리는 크고 작은 비행 사고를 겪었다. 1944년 정찰 비행을 나갔다가 격추되어 흔적 없이 사라질 때까지, 그의 전 생애를 지배했던 것은 1912년 앙베리외(Amberieu) 비행장에서 비행기를 처음으로 타보았을 때의 강렬한 인상이었다. 그는 그 시기 자전거에 천을 덧대 직접 비행 물체를 만들기도 하였다. 하나의 강렬한 경험이 한 사람의 전 생애를 완전히 지배할 수도 있다는 것을 그의 삶이 우리에게 보여준다.

자유의 표현으로서 비행과 글쓰기
그리고 사랑

생텍쥐페리는 다섯 명의 형제자매와 어른들의 틈바구니 속에서 자랐다. 이러한 유년기의 환경은 자유보다는 규칙을 익히는 분위기에 노출되기 십상인데 그는 예외였다. 그는 그 누구에게도 자신의 감정과 생각을 숨기지 않을 만큼 자유로웠다. 그런 그가 엄격한 학교 생활을 잘하는 건 쉽지 않은 일이었다. 그는 학업보다 시와 비행에 에너지를 쏟았다. 이 시기에 생텍쥐페리는 문학 고전을 섭렵했고, 시와 소품을 쓰기 시작했다. 글쓰기와 비행은 언뜻 어울리지 않는 조합 같지만, 그 밑바닥에는 무엇으로부터 얽매이지 않는 자유, 자유로움에 대한 동경이 자리하고 있다.

그의 자유로운 성격과 관련해서 그림 이야기를 빼놓을 수 없다. 생텍쥐페리는 어릴 적부터 삽화를 즐겨 그렸는데, 자유롭게 유희하는 감정을 표현하고 싶은 욕망과 수많은 문장보다 하나의 그림으로 자신의 생각을 더 잘 표현할 수 있다는 생각 때문이었다. 우리가 알고 있듯이 《어린 왕자》 속 삽화들도 그가 손수 그린 것이다. 그림, 시, 삶에 대한 구체적이고 정직한 글쓰기와 비행은 모두 그의 자유로운 성격과 정신을 표현하는 통로였다.

그의 사랑도 그의 비행과 글쓰기를 닮았다. 흔히 생텍쥐페리의 영원한 연인이라고 불리는 콘수엘로(Consuelo de Saint Exupéry)를 향한 열정적인 사랑, 그녀와의 원치 않던 이혼. '꽃과 어린 왕자와의 대화', '긴 머리와 머플러를 두르고 있는 어린 왕자의 모습'에 그녀가 남아 있다. 그녀와 함께하고픔은 비행과 글쓰기의 심리적 동인과 다를 게 없고 《어린 왕자》에 남아 있는 그녀의 모습은 사랑의 역리로서 상흔이라기보다 그녀로부터 자유로워짐에 관한 담담한 기록이다.

**질문하지 않는
사람들**

《어린 왕자》는 아이를 위한 책이기도 하고 '자신이 한때 어린아이였다는 사실을 잊어버린 어른 레옹 베르트(Léon Werth)'를 위한 책이기도 하다. 이야기는 사하라 사막에 불시착해 죽음의 위기에 직면한 비행사와 어린 왕자의 대화를 다루고 있다. 이들의 대화에는 우리가 살면서 고민할 수밖에 없는 실존적 문제들이 담겨 있다. 그 어조는 부드럽지만 메시지는 강렬하다.

생텍쥐페리는 실존을 말하기 이전에 실존적 고민을 하지 않는 사람들에게 문제를 제기한다. 우리는 어제의 드라마와 오늘의 정치, 내일의 업무를 고민하고 힘들어하고 기계적인 일상의 반복에 무표정하게 자동반응하며 질문을 잃어버리고 산다.

'질문하기 전에 당신은 힐링해야 하고 위로받아야 해요' 라고 지인이 어깨를 두드리고 광고 속 연예인이 격려한다. 빠른 삶과 관대한 타협 속에서 어느 순간부터 우리는 자신과 타자에 대해서 묻지 않는다. 그저 즉물적인 혹은 감정적인 속성판단을 종종 할 뿐. 진지함은 이제 걸치기 부담스러운 무거운 옷이 되었다.

생텍쥐페리는 천문학자의 입을 통해 의미와 가치를 묻지 않는 것이야말로 실존의 문제에 침묵하는 것이라고 말한다. 특급열차를 타고 가지만 열차를 모는 기관사 자신도 무엇을 찾아가는지 모른다. 사람들 역시 특급열차에 올라타지만 무엇을 찾아가는지 모른다. 우리가 아는 것, 욕망하는 것은 '특급열차에 타야 한다는 것'뿐이다. 그래서 인간은 갈팡질팡하고 빙빙 돈다. '의미와 목적의 상실 속에 살아가는 현대인'에 말을 거는 《어린 왕자》는 그런 의미에서 하나의 실존 소설이다.

우리는 지금
어떻게 살고 있는가?

《어린 왕자》의 첫 장면은 '인간이 어떻게 살고 있는지'에 관한 생텍쥐페리의 생각을 보여준다. 《어린 왕자》에서 어른은 인간 일반을 지칭한다. 그림 1호는 그가 읽은 《모험이야기》에 나오는, 먹이를 씹지 않고 여섯 달 동안 잠만 자는 보아뱀을 상상하며 그린 그림이다. 화자는 보아뱀을 그렸지만 사람들의 대답은 모자이다. 코끼리를 삼킨 그림 2호를 본 사람들은 그에게 지리나 역사 등 구체적이고 실용적인 것에 관심을 가지라고 나무란다.

성장한 화자는 사람들에게 계속해서 그림 1호를 보여주며 그림을 본 사람이 무엇을 이해하는지 알아보려고 한다. 그렇지만 화자가 기대한 대답은 여전히 돌아오지 않으며 사람들은 오직 그들이 관심 있어 하는 것에 대해 말할 때에만 적극적으로 호응할 뿐이다.

그림 1호는 '보이지 않는 가치'를 의미한다. 화자는 자신이 발견한 세계의 가치와 그것의 의미에 대해 진지하게 생

각을 나누기를 바라지만 돌아오는 대답은 공허하다. 생텍
쥐페리는 여우의 입을 통해 가치 곧 본질은 비가시적인 것
이라고 우리를 환기시킨다.

안녕! 비밀인데, 아주 간단한 거야. 우리는 마음으로만 제대로
볼 수 있어. 본질은 눈으로 볼 수 없는 거야.

화자는 "실존이 아니라 현존재로 살아가는 것이 오늘날
우리의 모습이지 않은가"라며 마음으로 보지 않고 가시적
인 '눈의 세계'에 집착하는 자화상을 보여준다.

술꾼이거나 지리학자이거나
허영꾼이거나

《어린 왕자》의 눈에 비친 지구별 인간의 사태는 "왕이
111명, 지리학자가 7천 명, 술주정꾼 750만 명, 허영꾼 3억
1천 100만 명, 사업가 90만 명"의 존재들이다.

왕처럼 군림하는 사람들: 지극히 권위적인 사람. 모든 사
람이 자신의 신하인 양 생각하는 사람. 이들은 자신이 합
리적이라고 생각하지만 기회가 있을 때마다 명령하고 주

문한다. 주관적 합리성의 감옥에 살며 세상의 기준이 자기인 갑질 인생들이다. 화자는 이런 사람을 "절대군주", "우주의 왕"이라고 표현한다. 왕처럼 군림하는 사람은 자기 점검, 자기 성찰, 자기 심판을 말하지만, 그 자신에게는 그것을 적용하지 않는다. 승인되고 정당화된 권위가 아닌데 자기절대화에 빠진 사람들이 너무 많다.

허영심에 가득 찬 사람들: 생텍쥐페리는 모든 것을 자기중심적으로 생각하고 느끼는 사람을 허영꾼으로 그린다. 허영꾼은 자기가 "가장 잘생기고, 가장 옷을 잘 입고, 누구보다 돈이 가장 많고 최고로 똑똑하다는 것"을 확신하는 사람이다. 근거 없는 자기 확신에 가득 찬 사람이기에 그는 나르시시스트이다. 허영꾼은 "거울아, 거울아, 이 세상에서 누가 제일 예쁘니?"라고 물을 필요가 없다. 자기 객관화 능력이 제로인 과잉 자기애 환자들은 늘 행복하며 그 행복은 자기생산적이다. 허영꾼에게 박수를 보낼 것인가, 일침을 가할 것인가? 그 선택이 우리존재의 진실을 말해주는 순간이 있다.

술주정꾼: 세상에 제일 많은 사람이 바로 술주정꾼이다. 술 마시는 게 부끄러운 일인지 안다. 알지만 행동으로 옮

기지 못한다. 실행력이 부족한 사람이다. 부끄러움이라는 도덕적 감정을 가지고 있지만, 도덕적 규범을 지키지 못하는 사람이다. 얼마나 많은 사람이 '그것은 관례였다'고 말하고, '그렇게 해서는 안 되지만 어쩔 수 없었다'라고 변명하는가. 생텍쥐페리에게 이런 사람은 술주정꾼과 다를 바 없다. 오늘도 세상은 우리에게 술을 권하며 누구는 홀로 술을 마신다.

사업가로 살아가는 사람들: 사업가는 목적 지향적인 사람이다. 그는 자나 깨나 별을 센다. 그리고 그 별은 곧 자기 것이라고 주장한다. 욕망을 끊임없이 재생산하고 성취하려는 욕구가 강한 사람. 오직 자기 이해에만 민감한 사람이 사업가적 인간이라고 생텍쥐페리는 규정하고 있다. 사업가형 사람에게 어린 왕자는 다음과 같은 처방을 내린다.

내가 화산하고 꽃의 주인이라는 것은 화산과 꽃한테 도움이 되는 일이에요. 하지만 아저씨는 별들에게 도움을 주는 게 하나도 없어요.

주인이란 자신이 가진 것에 도움을 주는 존재. 무엇이 무엇이 되도록 도와주는 존재가 주인이다. 《어린 왕자》는 도구적 합리성을 극대화하고 교환가치를 전면화하는 계산하는 이성을 버리고 성찰적인 이성의 주인공이 되라고 권고한다.

가로등 켜는 사람: 명령에 충실한 사람이다. 따를 것인지, 거스를 것인지 명령 자체를 의심하지 않는다. 그는 자기 삶을 기획하지 못한다. 그는 그저 '자고 싶다'는 생각만 갖고 있는 사람이다. 니체가 말하는 '낙타'와 같은 인간이며 판단하지 않는 영혼 없는 충성심의 소유자이다. 성실성의 이름으로 보상을 받기도 하고 때론 운명론자의 모습을 띠기도 하는 사람이 그이다.

지리학자: 생텍쥐페리는 이론적인 인간의 유형을 지리학자로 표현한다. 그는 서재를 떠나지 못하며 머리로만 세상을 이해한다. 지극히 사변적이며 현실의 치열함을 알지 못한다. 그러면서 원칙을 강조하는 사람이다. 현실감각 없는 원칙은 이념적 편향성을 선명성으로 착각하게 하며 순수성을 강조한다. 이런 지리학자는 이론과 실천의 변증법적 관계, 즉 자기 생각의 수정과 교정에 대한 감각이 마비되어 있다. 벽창호의 모습으로, 흘러간 옛 노래만을 부르는 지리학자는 구름에서 지상으로 내려오는 두려움을 안고 산다.

자신의 경험을 이론으로 둔갑시키는 지리학자에게 어떻게 대응할 것인가. 살다보면 우리는 이 고약한 지리학자로 인해 골치 아파하지만 자기반성력과 새로운 것의 대담한 수용, 그리고 시대 변화 의식이 나를 성장시키는 계기임을 알게 될 것이다.

생텍쥐페리는 앞서 말한 인간 군상들이 20억 명 정도 산다고 말한다. 지구별에 '어린 왕자'는 없다. 우리가 어린 왕자가 되려면, '실존'하고자 한다면 사막으로 가야 한다.

사막
─실존으로 향하는 공간

사막은 어떤 곳인가. 사막은 '사람들이 없는 공간'이며 '망망대해 한가운데 표류'하는 공간이다. 그리고 사막은 '외로움'을 처절하게 체험하는 공간이다. 높은 산에 오른 어린 왕자의 외침, "나는 외로워, 나는 외로워, 나는 외로워"는 지구별 인간의 삶은 사막과 같고 인간을 본질적으로 고독한 존재라는 사실을 일깨운다.

뱀은 외로움을 극복하려는 사교 행위가 실존의 쓸쓸함을 벗어나지 못하게 함을 다시금 우리에게 강조한다. "사람들과 함께 있어도 외롭기는 마찬가지"이다. 혼자 있어도, 사람들과 같이 있어도 외로움은 해결되지 않는다. 잠시 잊는 것일 뿐. 생텍쥐페리에게 실존한다는 것은 바로 '사막에 홀로 있음에 대한 인식'과 '자기 바라보기'일 것이다. 자기 바라보기는 '사막을 아름답게 하는 우물'을 찾아가는 단초가 된다.

그렇다면 사막에서 살아남는 방법은 무엇인가? 답은 간단하다. 우물을 찾는 것이다. 나만의 우물 말이다. 별빛 아래서 계속된 행진과 도르래의 노래와, 내가 직접 끌어올리는 우물을 맛보는 그 순간이 내가 어린 왕자가 되는 순간이다. 탐험자에서 발견자가 되는 순간인 것이다.

길들여진다는 것과
책임진다는 것

사막으로 가기 전 술꾼이었든 아니면 지리학자였든, 사막에서의 탐험자이든 발견자이든 거기엔 또 다른 누군가가 있다. 거기에 길들이거나 길들여지거나의 관계 방식의 싸움이 있기 마련이다. 인정투쟁이라고도 한다. 하지만 여우는 길들여지는 것은 '관계하는 것'이며 관계하는 것이란 서로 아무것도 아닌 존재에서 서로에게 유일한 의미를 갖는

Dunes, 1882, Vincent van Gogh

존재가 되는 것이라고 알려준다.

네가 나를 길들이면 우리는 서로를 필요로 하게 될 거야. 내게
는 네가 세상에서 하나밖에 없는 아이가 될 것이고, 네게는 내
가 이 세상에서 하나밖에 없는 존재가 될 테니까.

길들여지는 것, 관계를 맺는 것은 공적 영역이나 사적 영
역 모두에서 쉽지 않다. 이 어려움은 단순히 '누가 누구를
잘못 만나서'라는 이유 때문에 생기는 것만은 아니다. 보다
근본적인 원인은 인간의 자기중심성 때문이다. 인간은 모
든 것을 자신의 관점에서 파악하려는 경향이 있는데, 그것
때문에 만남은 어려울 수밖에 없다.
    저마다 현재의 자신을 만든 경험이 있고, 관성과 생각의
습관이 있다. 자신이 만든 동굴 속에서 타자와 대상을 파
악하는 것은 불가피하게 '자기중심적'이다. 게다가 자기중
심성이 '이기적'이 되는 경우, 관계는 파열음을 낸다. 상호
성이 배제되기 때문이다. 주위의 많은 사람들이 잘못 길
들여짐으로써 자신을 파괴하기도 하고 타자를 파괴하기도
한다.
    그래서 생텍쥐페리는 우리에게 진정으로 관계한다는 것
이 무엇인지 묻고 여우에게 말하게 한다. '서로에게 필요한

존재가 된다는 것'은 서로에게 하나밖에 없는 존재, 대체 불가능한 상호존재성이 되는 것이다. 인맥관리와 인적자원의 논리에 길들여짐은 없다.

길들여지기 위해서는 자기 존재에 대한 책임을 먼저 짊어져야 한다. 자신의 실존에 책임을 지지 못하는 사람이 타자의 실존을 책임질 수 없다. 책임진다는 것은 이중적 의미의 책임이다. 즉 자기 관계적 책임과 타자 관계적 책임. 이것이 여우가 말하는 '영원한 책임'이다.

우리 안이 어른들로 가득 차면
어떻게 될까?

생텍쥐페리는 어린 왕자와 어른을 대립시킴으로써 '어린아이가 된다는 것'의 가치를 부각시킨다. 그에겐 '어린아이 되기'가 '실존하기'와 같다.

그가 말하는 어른은 정치와 넥타이 등으로 표상되는 철저한 현실주의자다. 어른은 숫자만을 추구하는 계산에 능하고 숫자 이면의 '그 무엇'은 외면한다. 어른은 "새로 사귀는 친구에 대해 이야기하면 정작 중요한 것에 대해서는 도무지 묻지 않는다". 어른은 목소리, 취미, 나이, 형제, 아버지의 돈에 대해서만 물으며 이 대답에 근거해 새로 사귀는 친구를 판단하고 관계를 결정한다.

어른은 "아름다운 붉은 벽돌집"을 상상하지 못한다. 그들은 상상력을 소진한 존재이다. 그래서 편견과 고정관념을 극복하지 못한다. 어른은 '별'에 대해서 자기 식대로만 해석하는 지독한 상대주의자이다. 어른은 진실에 대해서 묻지 않고 주관적이고 자의적인 판단을 하는 사람, 사실이 아니라 선택적 인지를 통해 자기 확실성을 가지려 하는 사람, "나는 다르게 생각해, 사람마다 다 다르지"라는 '편의적 상대주의자'로서 자신의 입장을 변론할 준비가 되어 있는 사람이다.

어른은 항상 "나는 지금 무척 바빠, 다른 일에 관심을 기울일 시간 따위가 없어"라고 말하는 사람이다. 자기 바라보기에 게으르고 타자에 대한 진지한 관심이 부족한 사람이다. 지구별이 이러한 어른으로 가득하면 어떻게 될까? 우리 안에 이런 어른이 가득 들어차면 어떻게 될까? 아마도 바오밥나무처럼 지구별을 무너뜨릴지도 모른다.

그 녀석들은 별 전체를 휘감아버렸고 뿌리는 땅에 구멍을 냈습니다. 작디작은 별에 바오밥나무가 넘쳐나게 되면 별이 산산조각으로 부서질지도 모르는 일이었지요.

잃어버린 것들을
찾아서

어린아이의 속성은 어른과 대조된다. 생택쥐페리는 이러한 대조를 통해 실존이 무엇인지 시사한다. 어린아이 방식의 실존은 군림하는 권위적인 왕, 위선에 가득 찬 허영꾼, 허무주의에 빠진 술꾼, 돈에 매몰되어 영혼을 잃어버린 상인, 의미 상실과 매너리즘에 빠진 점등인, 공허한 이론의 세계에 빠진 지리학자, 실존적 사귐이 무엇인지 모르는 지구인 등과 다를 것이다.

《어린 왕자》 속 화자인 '나'는 자신도 다른 어른과 같은 말을 한다는 사실을 인정한다. 그리고 그러한 자신을 부끄럽게 생각한다. 여기서 화자는 '어린아이'로 표상되는 실존적 태도를 기억하는 사람이다. 또 어린아이 되기가 본래적 자기로 돌아가는 것임을 아는 사람이다.

그는 실존과 어른이라는 세속적 일상의 중간 지점에 있다. 어린아이가 될 때 비로소 우리는 '눈에 보이지 않는 것'을 찾아낼 수 있다. 그것이 바로 실존으로 가는 길이다. 니체가 창조적 놀이를 즐기는 사람으로서 어린아이의 실존을 말했다면, 생택쥐페리는 우리가 잃어버린 모습에 대한 회귀적 방식을 통해 어린아이의 실존을 이야기한다.

한때 어린아이였던 나에 대한 기억을 되살리는 것은 어른 기계를 들여다보게 하고 지구별의 어린아이인 어린 왕자의 꿈을 꾸게 한다. 이건 결코 동화 속 이야기가 아니다.

Chapter 02

타자, 그들이 바로 지옥이다

장 폴 사르트르

Jean Paul Sartre

1905 ~ 1980

한 사람을 이해하려면 그 사람의 어린 시절을 살펴라! 프로이트가 누누이 강조한 말이다. 사르트르의 삶을 관찰하다 보면, 이 정신분석학자의 이야기가 절로 떠오른다. 사르트르의 삶의 여정은 집 없는 벌거숭이의 실존에서 스스로 튼튼한 실존의 집을 지은 생성의 과정이라 할 만하다. 절대실존! 절대고독! 절대자유! 그의 사유의 모토를 염두에 두면서 그의 어린 시절 속으로 들어가보자.

부모의 부재와
불안

그가 두 살이 되었을 때 아버지는 이 세상과 작별을 고했다. 그의 아버지는 해군 장교로 월남전에 파병되었다가 병을 얻었는데 이를 끝내 회복하지 못했다. 그해 그의 어머니는 이제 겨우 스물네 살의 젊은 나이였다. 외할아버지와 외할머니가 사르트르를 양육했다. 이러한 환경이 그를 조숙한 아이로 성장시켰다.

사르트르의 외할아버지는 그 유명한 알버트 슈바이처 박사의 조카이며 독일어 교사였던 샤를 슈바이처였다. 외할아버지의 서재가 그의 놀이터였다. 지적 호기심이 남달랐던 그는 그만의 놀이터에서 정신적 독립을 훈련했다. 그는 외할아버지를 심리적 안전처라기보다는 정신적 성장의 후원자로 인식했다. 샤를 슈바이처는 사르트르에게 자기 존재의 의미와 정당성을 부여해주고 삶의 평화와 안정감을 주려 노력했다.

어린 사르트르가 하나의 독립적 인간이 되어야 한다는 생각을 갖게 된 것은 열두 살이 되었을 때 어머니 안마리의 재혼이 결정적으로 작용했다. 이로 인해 그는 '손님으로서의 의식', 어딘가에 속해 있지 않다는 결핍감에 시달렸다. 어머니의 재혼은 새아버지에게 무엇인가를 보여줘야 한다는 생각과 동시에 그에 대한 반항심을 품게 만들었다. 훗날 사르트르는 자신이 철학을 공부하게 된 이유 중의 하나가 새아버지를 이겨보겠다는 심리였다고 회상했다.

이처럼 사르트르의 유년기는 불안, 독립성, 환경의 임의
성 등이 지배했다. 좌절이냐 순응이냐, 반항이냐 독립이냐
의 갈등이 상존했던 셈이다. 다르게 말하면 인정투쟁과 심
리적 저항이라는 양가감정이 사르트르의 청소년기를 지배
한 셈이다. 이 두 갈래 길에서 사르트르는 절대자유와 절대
독립의 길을 개척하는 실존투쟁의 검투사로, 왜 실존이 생
의 근본문제이며 그것을 위해 어떻게 앙가주망(engagement)
해야 하는지를 설파하는 목소리 큰 안내자로 성장했다.

가장 짧고 강한
말

사르트르의 저술 중 가장 체계적인 저작인 《존재와 무
(L'être et le néant)》를 포함해, 그의 철학은 한마디로 요약하면
'실존은 본질에 앞선다'는 테제로 표현할 수 있다. 《실존주
의는 휴머니즘이다(L'existentialisme est un humanisme)》에서 그
는 자신의 생각을 간단명료하게 서술한다.

도구와 같은 존재에 있어서는 본질이 존재에 앞서지만, 개별적
단독자인 실존에 있어서는 존재가 본질에 앞선다. 인간은 우선
실존하고 그 후에 스스로 자유로운 선택과 결단의 행동을 통하

여 자기 자신을 만들어 나간다.

여기서 '본질에 앞선다'는 말은 본질 그 자체는 비어 있다
는 의미이다. 이것은 인간 외부의 어떤 실체나 인간 내부의
본성이라는 것이 없고, 인간 스스로 자신을 만들어가는 것
이라는 뜻이며, 그것이 곧 실존 자체를 구성한다는 말이다.
사르트르는 신이란 존재하지 않으며 인간은 자유 그 자체
임을 선언한다. 실존이 본질에 앞선다는 말은 고정된 실체
로서의 본질 개념을 거부하고 스스로 만드는 과정적 주체
의 행위성을 강조하는 것이다.

구토하지 않는 삶이여,
가엾은 주변인이여!

자신을 만든다는 것으로서 실존은 남들과 같은 옷을 입고
남들과 같은 노래를 부르고 남들처럼 살기를 거부한다. 모
두의 선망과 모두의 두려움에 대한 구토로부터 실존은 시
작된다.

그들은 그들의 삶을 마비와 반수면 상태로 끌고 들어갔다. 그
들은 서둘러서 결혼했고 되는 대로 자식을 만들었다. 그들은

카페에서, 결혼식에서, 장례식에서 많은 사람들을 만났다. 이
따금 소용돌이 속에 사로잡혀서 그들은 어떤 일이 생기는지도
모르면서 발버둥쳤다. 그들 주위에서 생겨난 모든 일은 그들
의 시야 밖에서 시작되었다가 끝나버렸다. 모호한 형태를 가진
것, 멀리서 온 사건들이 그들을 재빨리 스쳐가고, 자세히 보려
고 했을 때에는 모든 것은 이미 종막을 내렸다.

이것이 구토하는 이유이다. 소설 《구토(La Nausee)》에서 사
르트르는 주인공 로캉탱이 왜 구토하는지를 구체적으로 밝
힌다. 로캉탱은 '가엾은 두뇌를 독살시킨 모든 놈들' 즉 생
각 없이 사는 천편일률적인 삶을 보았을 때 구토한다. 구토
하지 않는 한 자신의 삶을 살 수 없다는 것은 자명하다. 로
캉탱은 그와 같은 삶의 희미한 그림자를 보여주는 인물로
모험가 드 롤르봉을 생각한다. 로캉탱의 눈에 그는 삶에 최
선을 다했고 끊임없이 자신을 넘어서려 했던 인물이다. 우
리는 기계적인 삶을 살기를 거부하는 로캉탱이 되어야 하
고 드 롤르봉처럼 살아야 한다.
　구토가 주체성 찾기의 시작이라면 주체성은 무엇일까?
주체성이란 자기의식을 갖는 것이다. 사르트르가 말하듯이
인간은 즉자적 존재인 이끼나 꽃양배추가 아니고 자기의식
을 가진 대자적 존재이다. 대자적 존재란 자기에 대한 의식

을 갖는 존재를 말한다. 이런 의미에서 주체성은 실존의 전
제조건이다. 다시 말해 주체성 없는 주체는 없으며 선택하
고, 자유를 가진, 무엇인가를 하는 주체는 주체성을 가지며
'실존하는 것'이다. 주체성이 없는 존재는 주변인에 불과하
다고 최승자는 〈주변인의 초상〉에서 일갈한다.

이 세계의 문법을 그는 매번 배우지만
매번 잊어버린다.
세계가 마취된 것인가,
자신의 두개골이 마취된 것인가,
그는 매번 판정을 내리지 못한다.
그는 물질이 정신성으로, 정신이 물질성으로
이동해가는 통로를 너무나 잘 알고
때로는 너무나 까마득히 모른다.
(…)
주변인은 주로 전철이나
시외버스를 타고 다닌다.
때로는 목숨 내놓고
총알택시를 타기도 한다.
행복의 이데올로기를 믿는
행복한 사람들을 부러워하며,

서울의 탱탱한 표면장력을 그리워하며,

그 속으로 이입되기를

무수히 갈망하고 무수히 증오하면서,

표면에서 표면으로

주변에서 주변으로

가장자리에서 가장자리로

주변인은 정처없이 지도를 어지럽히며

하염없이 시간을 혼선시키며 굴러다닌다.

시에서 말하듯 주체 없는 주변인은 판단의 부재, 자본과 사물화의 논리를 망각하고 그냥 그 메커니즘에 의존하는 태도, 확신성을 외부로부터 보증받아야 하는 자기 확신의 결여, 익숙함으로부터 벗어나는 것에 대한 두려움과 불안, 무의식적 추종, 이데올로기의 포로, 목표 없이 부유하는 특성을 갖는다. 주변인은 대자적 존재가 아닌 셈이다. 따라서 그는 진정한 자유의 존재자가 되지 못한다. 주체 대 주변의 도식의 변형물로 겉은 주체의 모습을 보여주는데 속은 주변인인 사람들도 있다. 이 경우는 사건과 시간의 지속이 주변인의 주변성을 드러나게 만든다. 감춰진 주변적 속성은 언젠가 얼굴을 내밀고 만다.

그런데 사르트르는 왜 이토록 주체성을 강조하는 걸까?

Quai Malaquais in the Afternoon, Sunshine, 1903, Camille Pissarro

그 이유는 인간 존재의 우연성과 존재의 무(無)기반성 때문이다. 우리는 우연하게 어느 시대, 어느 나라, 어느 집, 어느 집의 아들과 딸로 태어난다. 존재의 우연성은 존재의 무기반성이라는 불안을 자연스럽게 수반한다. 동시에 결여된 존재로서 욕망하고 불안을 해소하려는 노력을 부단히 하게 만든다. 중요한 것은 사르트르가 이 노력의 공간을 '원초적 자유의 공간'으로 본다는 점이다.

그는 이 원초적 자유의 공간을 모든 가능성이 열린 공간으로 간주하며 자기 존재의 정당성의 준거로 삼는다. 절대자유의 지위를 부여받은 이 공간에서 씨앗이 자라는데 그것이 주체성이다. 꽃으로 피어날 것인가, 말라 비틀어 소멸되는 씨앗이 될 것인가? 사르트르에겐 이것이 문제이다. 원초적 자유 공간에 씨앗으로 떨어져 있는 우리에게도.

자유와 무,
그리고 인간

사르트르는 절대자유가 무(néant)로부터 온다고 보았다. 그가 말하는 무는 자기와 자기의식 사이의 틈새 혹은 비어 있는 공간이다. 그 공간이 무이다. 그는 자기 자신과 의식 자체를 통일된 것으로 보지 않는다. 무가 중요한 까닭은 무가 의식을 가진 대자적 존재를 드러내는 역할을 하기 때문이다. 자유는 무라는 틈새에 자리 잡는다. 인간이 먼저 존재하고 그다음에 자유가 있는 것이 아니다. 그에게 인간의 존재와 인간의 자유 사이에는 차이가 없다. 인간이 곧 자유인 이유는 자기와 자기의식의 빈틈을 채워나가는 것이 인간의 행위와 활동이기 때문이다.

그렇다면 인간 존재 자체의 무화(無化)인 죽음 앞에서 자유는 멈출까? 자유는 결코 멈추지 않는다. 사르트르는 죽음은 나의 자유 밖에 있는 것이니 죽음에 대해 불안할 이유도 없으며 과감히 수용해야 한다고 설파한다. 만약 우리가 죽음을 두려워해 종교적 삶에 경도된다면 그것은 자기 존재의 기본 가능성인 자유의 선택을 스스로 제한하는 셈이라는 것이다.

사르트르는 '인간=자유'라는 입장을 정립하기 위해 하이데거 식의 논제, 즉 죽음을 앞당겨 경험함으로써 자신을 새롭게 기투(企投)하는 길을 거부할 뿐만 아니라, 죽음의 공포로부터 신에 귀의하는 키에르케고르 식의 종교적 삶도 부정한다. 양자의 방식은 자기 선택적 창조의 자유를 스스로 가로막는 행위이기 때문이다. 키에르케고르를 보는 사르트르의 시선이 어떠할지는 충분히 짐작할 것이다.

그런데도 문제는 늘 남는다. 우리의 생생한 실존적 경험이 사르트르의 관점을 쉽게 수긍하기 어렵게 만들지 않는가. 생은 우리에게 자유의 한계를 순간순간 또렷하게 가르쳐준다. 넘어야 할 선과 넘지 말아야 할 선을 각인시킨다. 생의 한복판에서 우리는 의무와 책임의 감옥에 갇힌 수인의 부자유를 체험한다. 다만 탈주의 꿈을 꿀 뿐. 그래서 묻게 된다. 자유의 한계는 없는가라고. 사르트르도 그것 자체를 부인하지는 않는다. 그에게 자유의 한계는 선택해야만 하는 것에서 오는 한계이다. 우리의 선택은 항상 '특정한 선택'이며, 자유는 선택에 대한 자유이다. 사르트르가 말하는 인간의 자유는 한마디로 인간이 스스로 선택하고 자신을 만드는 것일 뿐 다른 어떤 것이 아니다.

서로의 지옥,
타자와의 갈등

아, 세상에 오직 나 혼자 절대자유로 살 수 있다면 얼마나 좋겠는가. 유감스럽게도 실존적 차원에서 천상천하 유아독존은 불가능하다. 우리에겐 나처럼 절대자유의 존재인 타자들이 있다. 우리는 타자의 시선을 매순간, 혹은 짧고 강하게 의식한다. 타자가 나를 대상화하는 시선을 의식하며 그 시선에 의해서 포획되고 규정된 자신으로부터 빠져

나가길 바란다. 우리는 그의 연봉, 그의 가족 관계, 그의 성격, 그의 행동 패턴, 그의 사회적 관계망 등 수많은 정보를 채취해 그를 규정하며 고정된 틀에 가두어 버린다. 엘리베이터에서 나는 그에게 스캔당한다.

이런 의미에서 우리는 타자의 자유를 빼앗고 타자를 소유하고자 한다. 문제는 나 또한 마찬가지라는 것이다. 나 역시 타인의 시선처럼 타자의 자유를 빼앗고 소유하고자 한다. 나도 오늘 엘리베이터에서 그를 스캔한다. 이래서 사르트르는 "타자, 그들이 바로 지옥이다"라고 말한다. 문제는 이러한 '서로 지옥으로서 타자와의 갈등'은 끝나지 않는다는 데 있다. 서로-타자성은 끝나지 않기 때문에 존재하는 한 우리는 서로-지옥에 산다.

사랑이다!

그럼에도 불구하고 예외는 존재한다. 사랑이다. 모든 것을 다 속여도, 심지어 자기 자신을 속여도, 이것에 빠진 눈빛만은 속일 수 없다는 사랑. 우리는 생을 살면서 그 환상적인 매력에 한 번쯤 빠지게 된다. 만약 우리가 누군가를 사랑하게 되면 우리의 시선은 더 이상 그 누구를 대상화하지 않는다. 사물처럼 타자를 손에 넣거나 규정하려 하지 않고, 오직 동화하려고 애를 쓴다.

비난의 대상이기도 했던 사르트르와 보부아르의 계약결혼은 상호 자유의 경험이라고 말할 수도 있다. 그들은 2년의 계약으로 시작해 관습이나 법적 구속력을 갖지 않은 '자유롭고 독립적인 두 인격의 공동체'를 51년간 이어나갔으며, 보부아르가 밝히고 있듯이 서로에게 자유로웠다. 그들의 관계는 한마디로 자유, 정직, 독립이라는 동맹의 조건에 기초한 실존 공동체였다.

타자라는 감옥이 탈출이라는 실존적 자유의 동기를 제공하기도 하지만 정서 공동체, 경제 공동체의 성격을 갖는 사랑은 의무의 감옥을 벗어나지 못한다. 의무의 충족에서 오는 만족을 사랑이라고 스스로 세뇌하는 사람들도 많이 있다.

타자와의 관계에서 자유를 획득하는 방법은 사르트르와 보부아르의 사랑처럼 정신적 공동체로서의 사랑밖에 없다. 그러나 두 사람의 사랑도 타자를 위한 노력이라는 또 다른 감옥으로부터 자유롭지 못했다. 보부아르가 사르트르와 자신이 두 사람이 아니라 한 사람이나 다름없다고 말할 수 있는 데는 끊임없는 노력이 전제되었다는 것을 의미한다.

타자와의 관계에서 자유는 결국 '어떻게 관계하는가'라는 관계의 성격에 달려 있는 것이며 독립성과 사랑이라는 이름의 구속 사이의 성공적인 경계 짓기에 달려 있다. 문제는 절대자유가 단순히 사적 영역에서의 문제만이 아니라 본질적으로는 공적 영역, 즉 사회적 차원에서 어떻게 실현되느냐에 핵심이 있다는 사실이다. 사르트르가 다른 실존주의 철학자와 구분되는 지점이 바로 이것, 사회적 실존을 누구보다 중요하게 생각했다는 점이다.

어떻게 사회적 자유와
실존을 획득할 것인가

사적 영역에서 자유의 경험이 사랑이라면 사회 관계에서 인간의 자유는 앙가주망에 달려 있다. 앙가주망은 자신이 발을 디디고 사는 사회 속에서 자기 자신이고자 하는 사회적 실존의 태도이다. 사회적 상황과 삶 속에서 자유를 실현하기 위해 사회의 변화와 개혁을 이끌어내려는 사회 참여적 실천이 다름 아닌 앙가주망이다. 사르트르는 《문학이란 무엇인가》에서 언어를 사용해 사회의 변화를 촉진시키는 사람을 '작가'라고 정의한다. 만약 우리가 유사한 방식으로 앙가주망한다면 우리 역시 넓은 의미에서 작가이다.

만약 우리가 말을 통해, 행위를 통해 타자와 사회의 자유를 실현하기 위해 무엇인가를 한다면 그것이 앙가주망이다. 이것을 다른 말로 하면 사회에 대한 '입장 표명'일 것이다.

나치에 대한 저항 운동이 사르트르가 했던 대표적인 앙가주
망이다. 그는 이 저항 운동을 단순히 민족해방운동으로 이
해하지 않고 자신과 파리 시민들이 '자기 자신이 되고자 하
는 열망', '자유와 책임 그리고 그것을 구현하는 사회적 조
건'을 만들려는 사회적 실존 운동으로 파악했다. 나치에 대
한 저항, 1950년대 알제리 독립 찬성과 식민주의에 대한 강
렬한 비판, 1968년의 5월 혁명 참여, 죽기 1년 전인 1979년
베트남 보트피플을 위한 구조 요청 등은 사회적 실존과 실
존적 자유를 위한 사르트르 방식의 앙가주망이었다.

현상적인 자유의 확대와 자유를 위한 앙가주망의 불일치
가 세계를 지배하는 지금, 앙가주망이 사회적 실존을 위해
더욱 필요하다. 나의 자유와 실존을 위해 사회적 실존의 가
능성은 그러한 앙가주망에 달려 있다. 실존적 절대자유와
사회적 자유라는 두 개의 심장으로 살다 하늘의 빛나는 별
이 된 사르트르의 시적 외침이 나의 노래가 되어야 하지 않
을까.

머릿속으로 실존을 노래하라!
그리고 동시에
우리가 서 있는 이 대지에 온몸으로
실존을 춤추게 하라!

Chapter 03

우리는 '부조리'와 함께 살아간다

알베르 카뮈

Albert Camus

1913 ~ 1960

《이방인》은 말 그대로 카뮈를 스타로 만들었다. 그는 스스로 이 소설로 하루아침에 유명인사가 되었다고 술회한 바 있다. 이후 출간된 《시지프 신화》, 《페스트》, 《반항하는 인간》은 그를 실존 소설의 대가로 각인시켰고, 마침내 노벨 문학상의 영예를 선사했다.

  하지만 생애사적 관점에서 그의 생애는 긴 어둠과 짧은 빛이 지나간 삶이라고 보아야 한다. 언젠가 카뮈는 자신의 삶이 실패의 연속이었으며 오직 의미를 얻을 수 있는 순간은 작품을 쓸 때뿐이라 고백하기도 했다. 실제로 작가로서의 명성을 누리는 시간은 그의 생에서 오래 허락되지 않았다. 그것이 그의 운명이었을까? 자전소설 《최초의 인간》을 쓰던 해, 그의 인생에서 가장 화려한 시기 중의 한 해에 그는 자동차 사고로 유명을 달리하고 만다. 이것도 그가 말하는 삶의 부조리일까?

나는 실존주의자가 아니다

카뮈만큼 자신의 삶의 여정, 실존 의식을 작품에 고스란히 담아낸 작가도 흔치 않다. 죽음, 바다, 자살, 사형수, 더위, 반항, 무의미 등은 단순히 소설적 주제가 아니라 그의 실존적 경험의 투사이며 그의 삶을 관통하는 키워드이다. 또 이 키워드들은 사전적 의미를 넘어 개념으로 자리 잡았고 그의 문학에서만이 아니라 다른 여느 실존주의 문학에서도 얼개 구실을 하였다.

하지만 카뮈는 1945년 인터뷰에서 뜻밖에도 자신은 실존주의 작가가 아니라고 선언했다. 실존주의가 하나의 유행이 되어버린 당대에 뭇사람은 그것을 지적 허영의 도구로 이용했고 실존주의자라는 표식은 멜랑콜리적 지성인임을 드러내는 전시 효과로 작용했다. 카뮈 시대에 속류화된 실존주의는 무신론적 경향과 의미 상실, 허무주의적인 시선을 통칭하는 것이었다. 또한 급진적인 자유주의적 세계관에 빠져 있는 사람들을 폄하하는 용어가 '실존주의자'였다.

카뮈는 낭만적이고 감상적인 가벼운 생각을 실존주의라는 그럴듯한 철학으로 포장하는 분위기와, 의미 상실의 분위기를 드러내는 멜랑콜리한 제스처를 통해 우월한 존재임을 내보이려는 식자층의 풍조에 냉소적이었다. '나는 실존주의자가 아니다'라는 선언은 그와 같은 방식으로 속류화된 실존주의로부터 자신의 사상을 방어하고 차별화를 통해 자기 사유의 고유성을 드러내려는 의지의 표현이었다.

가난하고 험난했던
실존의 여정

식민지 알제리의 이민 2세인 카뮈는 포도 농장의 가난한 노동자의 아들로 태어났다. 태어난 지 1년 만에 그의 아버지는 1차 대전에 징집되어 스물아홉 젊은 나이에 세상을 뜨고 말았다. 카뮈는 부성(父性)을 그의 외삼촌과 초등학교 교사 루이 제르맹(Louis Germain)에게서 찾았다. 제르맹은 카뮈의 정신적 후원자였다. 그의 어머니는 청각 장애인이었고 문맹이었다. 그녀는 농장에서 가정부 일을 하며 가족의 생계를 책임졌다.

그는 알제리에서 태어난 프랑스인이었지만 그의 어린 시절 친구 중 아랍인은 거의 없었다. 카뮈는 정체성을 두고 방황하게 된다. 주류에 속하는 프랑스인도 아니며 아랍적 정체성을 가진 귀화인도 아닌 경계적 존재인 데다 '빈곤'과 '부재', '혼란'의 정서가 그를 방황하게 만들었다. 결핍과 방황의 정서가 그의 성장기를 지배했던 것이다.

열일곱 살 무렵 결핵을 앓게 되면서 카뮈는 철학과 문학에 관심을 갖게 되었다. 특히 이 시기에 우리에게 〈섬〉으로 잘 알려진 장 그르니에(Jean Grenier)를 통해 철학에 눈을 뜨게 되었다. 장 그르니에는 카뮈의 일생의 스승이자 친구였다. 그 시절 장 그르니에가 그의 곁에 없었다면 우리의 카뮈는 없었을지도 모르는 일이다.

대학을 중퇴하고서도 그는 자동차 수리공, 연극단원 등을 전전했다. 이른 나이인 스무 살에 결혼을 했지만, 아내 시몬 이에(Simone Hie)의 부정으로 이혼하고 만다. 훗날 프랑신 포르(Francine Faure)와 재혼해 두 아들을 얻었지만 또 다른 불륜으로 고통받는다. 이런 이유인지 분명하지 않지만, 그의 어느 소설에서도 따뜻한 가족의 모습은 등장하지 않는다. 우연은 아니라고 말해도 좋을 것이다.

정치적인 이력으로 카뮈를 본다면 좀 사정이 복잡하다. 그는 짧지만 공산당 활동을 하기도 했다. 스페인 망명자들의 자유노조운동을 지원했고, 나치에 저항하는 레지스탕스 신문 《콩바(Combat)》를 운영하기도 했다. 일련의 사회 활동은 카뮈에게 정의와 도덕의 가치를 일깨워주었다. 그러나 알제리 독립운동에 대한 카뮈의 중립적인 입장, 즉 프랑스 군과 민족해방전선 사이를 중재하려는 입장은 비난받기 좋은 것이었다. 프랑스 패권주의를 암묵적으로 인정하는 꼴이었기 때문이다.

부조리
- 절연과 죽음

'부조리(L'Absurde)'에 대한 논의는 《시지프 신화》에서 집중적으로 이루어진다. 카뮈에 따르면 인간은 '부조리'와 함께 살아간다. 그 어떤 인간도 삶의 부조리에서 벗어날 수 없다. 왜냐하면 부조리가 인간 실존의 근원적인 조건이기 때문이다.

실존주의에서 부조리는 도덕적인 개념이 아니다. 부조리는 자기 모순적 행위나 부도덕한 행위의 주체로서 인간을 지시하는 말이 아니라 실존의 사태를 가리키는 말이다. 즉 설명될 수 없거나 증명될 수 없는 성격의 존재 사건, 삶의 이율배반, 불확실성과 불투명성에 관련된 판단이며 그것에 대한 현상학적 개념이다.

하지만 카뮈의 이야기는 조금 다르다. 부조리는 철학이

나 개념으로 파악될 수 없는 일종의 '감정'이다. 부조리는 불확실하고 모호하며 분명하게 꼬집어 말할 수 없지만 명백히 존재하는 정서로서, 특정한 인생의 길목과 어떤 실존적 상황에서 불현듯 마주치게 되는 실존적 사태를 가리키는 개념이다.

왜 인간인 우리는 부조리한 감정에 직면하는가? 아니 직면할 수밖에 없는가? 카뮈는 "인간과 그의 삶, 배우와 무대 장치의 사이의 절연", 곧 다시 연결될 수 없는 깊고 완전한 단절 상황에서 부조리 감정을 갖게 된다고 말한다. 인간과 그의 삶에서 오는 절연의 내용은 먼저 자기 관계에서의 절연이다. 우리는 우리가 자기 존재에 대해 갖는 확신과 그것을 채우는 내용 사이의 틈을 메울 수 없다. 의미 지향과 의미 채움 사이에 틈이 여전히 남아 있고 그 틈에서 우리는 공허와 무력감을 느낀다.

나와 타자의 관계 역시 절연이다. 우리는 각자 목소리를 내지만 완전한 소통과 이해에 도달하지 못하고 오해와 오인 그리고 이해할 수 없고 이해받지 못한다는 느낌을 가지게 된다. 카뮈는 이를 두고 전화기를 들고 말하지만 '무언극'을 하는 것과 같은 꼴이라고 꼬집었다. 나와 타자는 이해와 공감을 추구하지만, 그러한 시도는 근본적으로 '몸짓'에 불과하다. 친근한 것 같지만, 이해되는 것 같지만, 그렇지 않은 사이, 우리는 서로에게 낯설음의 대상일 뿐이다. "난 널 이해해", "우리는 소울 메이트야" 따위의 표현은 절연의 느낌에서 비롯된 강한 의미 부여의 시도 이상이 아닌 셈이다. 카뮈에게 '우리'는 존재하지 않는다.

나와 세계도 절연되어 있다. 세계 역시 인간에게 낯선 어떤 것이라고 그는 파악한다. 인간은 개념과 이론을 통해서 세계를 합리적으로 설명하려는 지적 욕구가 있지만, 침묵하는 세계를 제대로 알 수 없다. 단지 진실의 한 자락을 알고 있는, 그것도 확실한 것 같지 않은 느낌만을 얻을 수 있을 뿐이다. 세계는 여전히 두꺼운 벽으로 존재한다. 카뮈의 눈에 세계와의 일치나 화해를 쉽게 꿈꾸는 사람들은 나와 세계의 절연에서 연유하는 실존적 부조리의 사태를 망각함으로써 그저 언제나 행복한 사람이 되고 싶은 비실존의 존재일 뿐이다.

부조리의 또 다른 출처는 죽음에 대한 인식이다. 우리는 대개 단순하게 살고 싶어 한다. 복잡하게 살고 싶은 사람은 드물다. 고민의 시간보다 즐거움의 시간을 더 바라는 것이 우리와 인간의 특징이다. 그래서 인간은 때론 호모 루덴스로 살아가며 그로 인해 삶의 즐거움을 만끽하기도 한다. 그러나 그렇게 살다가도 어느 날 문득, 삶의 의미가 무엇인지, 나는 진정 잘 살고 있는지, 나는 누구인지 심각하게 생

각하는 것이 형이상학적 욕구를 가진 인간의 모습이다. 이
때 우리는 어떤 기준과 가치를 갖고 삶을 살아도 결국엔 죽
음이라는 절대적 조건, 죽음의 필연을 강렬하게 감지하게
된다. 이 순간에 우리는 비로소 삶의 규범의 공허함, 존재
의 무력감을 명증하게 인식하게 된다. 카뮈는 그것을 알고
있었고 우리에게 강하게 말하고 싶어 했다.

무의미의 시간을 사는
무용의 존재

부조리한 인간의 대명사가 《이방인》에 등장하는 뫼르소
이다. 선박회사에 다니는 30대의 남자 뫼르소는 의미 상실
의 바다에서 방황하지만, 그것을 방황이라고 생각하지 않
는다. 그는 심리적 감각을 상실했고 규범에 무감각하다.
뫼르소는 무의미함을 공기와 같이 자연적인 것으로 받아들
인다.

뫼르소는 자신의 엄마를 사랑하지만 그녀를 양로원에 보
냈으며, 엄마의 죽음을 맞이했지만 아무런 감정을 느끼지
못하고 사무적으로 장례식을 치른 후 여자친구와 섹스를
즐긴다. 그는 사랑하지 않지만 상대방이 결혼을 원하면 결
혼할 수 있다고 말한다. 그는 어느 아랍인을 죽인 후에 정

The Card Players, 1892, Paul Cezanne

당방위를 주장하라는 변호사의 조언을 뿌리치고 '태양' 때문에 살인을 저질렀다고 말한다. 자신의 내면의 감정을 표현하지 않으며 타인의 감정에 무관심한, 아니 감정을 잃어버린 존재의 이름이 뫼르소이다.

뫼르소에겐 생의 욕구도 없고, 형이상학적 욕구도 없다. 겉으로 보면 뫼르소는 무의미의 시간을 사는 무용의 존재이다. 그는 자신이 거주하는 세계에 표피적으로 관계한다. 그에게 세계는 낯설 뿐이다. 세계와 분리된 존재가 뫼르소이며, 이것이 우리의 자화상이 아니냐고 카뮈는 우리에게 묻고 있다.

우리는 무엇을
선택해야 하는가?

부조리가 인간 삶의 근원적 사태라는 것이 명확해질 때 선택지는 단 두 가지뿐이다. 부조리로부터 벗어나거나 부조리를 수용하거나. 카뮈 역시 딱 잘라 말한다. 희망을 품거나 자살하거나. 우리에겐 이 두 가능성뿐이라고.

희망을 품는다는 것은 손쉬운 선택이지만 자기기만적이다. 부조리에 대한 근원적인 인식을 결여한 채 삶에 의미를 부여하는 모순적인 사태에 자발적으로 빠지는 꼴이기 때문이다. 이와 관련해 우리는 희망으로 가득 찬 내세의 개념이나 소위 초월주의 철학들을 생각해볼 수 있다. 그러한 초극의 관념들은 부조리한 삶에 맞서기보다는 가상의 희망을 만들어 도피하도록 우리를 유혹한다. 한마디로 삶에 대한 배반이다. 이런 의미에서 카뮈는 종교적 초월이나 희망의 철학 상품을 선택하는 것은 '철학적 자살'이나 다름없다고 단언했다.

부조리를 벗어나기 위해 자살을 선택하는 것은 실존과 무관하다. 실존한다는 것은 명증한 의식 속에서 부조리를 경험하고 살아가는 것이며, 죽음을 인식하지만 죽음을 거부하는 것이며, 부조리를 안고 살아가는 것이기 때문이다. 카뮈에겐 자살 역시 우리가 삶에서 감행할 수 있는 마지막 결단이 아니라 삶의 회피이다. 실존의 부조리를 회피하는 형식이 자살인 것이다.

반항과 자유와 열정

부조리로서 실존의 사태를 담담히 받아들일 것을 우리에게 권고한 카뮈는 '어떻게' 실존할 것인가를 말한다. 그가 우리에게 제시하는 것이 반항, 자유, 열정이다. 반항은 의식적으로 운명에 도전하는 것을 말한다. 반항에는 체념도 희망도 없다. 운명에 대한 반항은 타협이나 화해를 추구하지 않는다. 《반항하는 인간》은 다음과 같이 조용하고 단호하게 말한다.

나는 아무것도 믿지 않으며 모든 것은 부조리하다고 외친다. 그러나 나는 내 외침만은 의심할 수 없고 적어도 내 스스로의 항변만은 믿지 않을 수 없다. 부조리의 경험의 테두리 내에서 이처럼 내게 주어진 처음이자 유일하게 자명한 사실은 다름 아닌 반항이다.

운명에 반항하는 인간의 전형이 바로 시지프이다. 그는 계속해서 굴러떨어지는 바위를 끊임없이 다시 꼭대기까지 굴려 올린다. 카뮈는 시지프와 같은 의식적인 반항이 실존의 일관적 태도가 되어야 하며 그래야 비로소 실존의 가능성이 열린다고 생각한다.

부조리한 인간이 가져야 하는 또 다른 실존적 태도는 자유정신이다. 인간은 스스로 자유롭다는 환상을 먹고 산다. 그러나 우리는 이내 그러한 환상이 거짓이고 인간은 결코 자유롭지 못하다는 사실을 실존적 경험을 통해 직시한다. 우리가 우리 자신이 만든 행위의 원칙과 신념, 편견, 규범,

가족, 사회 등의 감옥 속에 갇혀 산다는 것을 깨닫는 데는 그리 오랜 시간이 걸리지 않는다. 이런 이유로 카뮈는 실존이란 자유를 최대한 느끼는 것이라고 말한다. 여기서 최대는 '자기 자신에 대하여 스스로 자유롭다고 느끼는 것'을 의미한다.

자유는 인간에게 선물로 주어지거나 법률에 의해 보장되는 것이 아니라, 실존적 결단을 전제로 한 선택과 투쟁의 산물이다. 수동적이고 불가피한 선택은 자유가 아니다. 운명과 상황을 넘어서려는 삶에 대한 적극적 대응이 우리를 자유의 왕국으로 들어서게 만드는 유일한 길이라고 카뮈는 말한다.

그래서 그는 열정, 그것도 '불꽃같은 열정'을 우리에게 요구한다. 자기 자신의 발견, 자기를 스스로 만들어가려는 창조의 열정이 불꽃같은 열정이다. 그것이 부조리한 인간이 가질 수 있는 가장 큰 기쁨이다. 드라마 〈미스터 션샤인〉에서 "당신은 조선을 지키시오"라고 유진 초이가 말하기 이전에 고애신은 스스로 조선을 지키길 원했고 조선을 위해 불꽃이고자 했다. 고애신에게 불꽃같은 열정이란 독립을 위해 목숨을 아끼지 않는 것이다. 조선의 독립이 곧 자신의 독립이었던 그에게 개별자로서 실존과 사회적 실존은 같은 것이었던 셈이다.

카뮈가 실존의 열쇠로 열정을 말할 때 왠지 니체의 냄새, 디오니소스적 열정의 냄새가 난다는 것을 우리는 쉽게 눈치챌 수 있다. 그렇다. 그는 니체를 사랑했다. 하지만 니체의 디오니소스적 열정이든 카뮈 식의 열정이든 실존을 말하며 열정을 말하지 않을 수 없다는 것을 그도 알고 우리도 알지 않는가!

부조리를 안고
부조리에 맞서며

반항, 열정, 자유의 정신을 갖고 '신 밖에서' 자기 입법적 방식으로 현존하는 인간이 바로 실존이라고 생각한 카뮈가 우리에게 내미는 인물이 《이방인》의 뫼르소였다. 도덕적 감각이 발달된 사람들은 파격을 넘어 반도덕적이라고 폄하할 수밖에 없는 인물이 뫼르소일 것이다. 그러나 카뮈는 첨예한 극단화를 감행하면서 뫼르소가 태양의 뜨거움 때문에 아랍인을 살해했다는 진술이 태양으로 상징되는 벗어날 수 없는 운명에 맞서 반항하고 대결하는 것임을 보여주고자 한다.

태양은 동시에 반항과 자유, 자기 삶을 창조하는 열정이라는 다른 상징성을 갖는다. 강제하는 것과 강제를 벗어나

반항, 자유, 열정을 갖고 스스로 만들어가는 실존, 그것이
태양이다. 태양의 이중적 상징성처럼 생은 반항하기 어려
운 거대한 괴물이며 생의 가능성, 다시 말해 실존은 반항할
수 없음에도 반항해야만 하는 데서 말할 수 있다.

시지프도 마찬가지다. 거부할 수 없는, 거부되지 않는 자
신의 운명을 받아들이고 바위를 다시 산 위로 굴리며 웃는
것이 그가 시지프로서 살 수 있는 유일한 실존의 길이다.
혼자보다는 다 같이, 비판보다는 순응을, 자유보다는 획일
을, 모험보다는 질서를 추구하는 삶이 현명한 삶이며 세계
를 위한 삶이라고 친절하게 분장한 그 어떤 힘이 우리를 끊
임없이 유혹한다.

유혹은 언제나 달콤하며 많은 것을 우리에게 약속해준
다. 하지만 우리는 거부할 수 있다. 적어도 몇 번은 그렇게
할 수 있다. 하지만 유혹을 거부하다가도 우리는 종종 달콤
한 사이렌의 마법과 같은 노래에 홀리고 싶고 언제 그 유혹
의 목소리가 찾아올까 기다리기도 한다. '제발 나를 유혹해
주세요'라고 말하고 싶은 마음을 숨기지만 시지프의 고통이
그것을 튀어 나오게 만든다.

시지프가 바위 굴리기를 중단한다면 무슨 일이 생길까?
그 순간 시지프는 안온하겠지만 그의 얼굴엔 웃음 대신 눈
물이 흐를 것이다. 마지막 순간을 참아내지 못한 회한의 눈

물은 안온함이 크면 클수록 더 크게 과거의 시간을 적시지 않겠는가!

뫼르소와 시지프에게, 카뮈에게 우리가 배울 수 있는 것은 실존의 본질적 사태인 부조리를 느끼고 인식하며, 부조리를 운명처럼 안고 살아가는 것, 동시에 자유정신을 갖고 그것에 열정적으로 반항하는 것이 아닐까. 그것이 생의 한 순간, 그리고 마지막 순간에 회한의 눈물을 흘리지 않는 방법이며 자기 서사의 유일한 작법이다. 뫼르소처럼 시지프처럼이 아닌, '나, 뫼르소', '나, 시지프'가 되는 것이다.

Ⅱ부

나를
더
잃어버리기 전에
알아야 할
것들

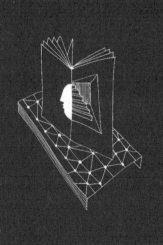

Chapter 04

중요한 것은 나에게 진리인 진리를 찾는 것

키에르케고르

Søren Kierkegaard

1813 ~ 1855

사람들은 흔히 키에르케고르를 실존철학의 선구자라고 말한다. 그러나 그 자신은 스스로를 실존철학자라고 생각한 적이 없다. 그의 텍스트를 읽어본 독자라면 그를 철학자라기보다는 종교인에 가깝다고 말할 것이다. 내가 사랑하는 제자이고 지금은 신문기자를 하는 어떤 이가 "왜 키에르케고르의 책을 읽어야 하는지 모르겠다, 철학 책도 아닌 것을"이라고 말한 적이 있다. 나는 그때 강한 긍정의 미소를 보냈다.

키에르케고르는 자신이 유년기에 엄격한 기독교 교육을 받았고 평생 그것으로부터 벗어나지 못했다고 술회한 바 있다. 실제로 그는 자신의 저서에서 '그리스도 앞에 선 단독자(a single one)'를 실존의 개시 시점으로 강조하고 있다.

그는 한때 성직자가 되려고도 했고 수많은 종교 관련 책을 집필하기도 했다.

그렇다면 키에르케고르는 어떻게 유신론적 실존철학 계보의 맨 위에 이름을 올리게 되었을까? 그것은 아마도 그의 출생의 비밀과 연관성이 있을 것으로 보인다. 그의 어머니는 아버지 미카엘 집의 하녀였다. 그의 어머니는 아버지에게 성폭력을 당했고 그를 임신하게 된다. 훗날 결혼에 이르게 되지만, 독실한 기독교인으로서 순간의 욕정을 절제하지 못한 그의 아버지는 평생을 죄책감에 시달렸다. 게다가 자신보다 먼저 떠난 자식들의 죽음을 보면서 그는 많이 괴로워했으며 자신의 죄책감을 상쇄하기라도 하려는 듯, 자식에게 엄격한 종교 교육을 시켰다.

성년이 된 키에르케고르가 자신의 출생의 비밀을 알게 되었을 때 그는 '대혼란'을 겪게 된다. 종교적이고 사색적인 분위기에서 자랐기에 그 혼란은 더했을 것이다. 그의 머릿속을 가득 채운 것은 허무, 죄, 벌, 죽음, 신, 우울한 정조였다.

그렇다고 키에르케고르가 곧바로 신에게 달려간 것은 아니다. 그는 감각적이고 세속적인 즐거움을 추구하며 살았다. 아버지에 대한 심리적 반발의 발로임을 쉽게 짐작할 수 있다. 세월이 흘러 그의 아버지는 죽음을 맞게 된다. 이 사

건은 키에르케고르로 하여금 삶과 죽음을 깊이 생각하도록
만든다.

출생의 비밀, 어머니에 대한 연민, 아버지에 대한 혐오와
반발심, 증오의 대상으로서 죽음, 그리고 삶과 죽음의 의미
에 대한 탐구가 지금 우리가 알고 있는 키에르케고르의 모
습을 만든 단서로 작용했을 것이다.

질랜드 사건

키에르케고르는 질랜드(zaeland) 사건이라고 불리는 경험
이 자기 인생의 중대한 터닝 포인트였다고 밝히기도 했다.
22세의 대학생이었던 그는 코페하겐을 떠나 덴마크인이 자
주 찾는 질랜드 섬을 두루 여행했다. 먼 바다와 아득한 풍
경을 보고 절벽 위에서 맞는 바람의 소리를 들으며 사색했
고, 깊은 내면의 소리를 듣게 되었다.

진정으로 내게 없었던 것은 내가 무엇을 해야 할 것인가에 대
한 확실한 자각이었다. 내게 없었던 것은 결코 내가 무엇을 알
아야 하느냐에 대한 이해가 아니다. 문제는 나 자신의 사명이
무엇인가를 이해하는 것이다. (…) 그런데 가장 중요한 이것이
내게 없었다. (…) 내면적 근거가 없는 사람은 폭풍우 속에서

몸을 지탱할 수가 없는 것이다. 중요한 것은 나에게 진리인 진리를 찾는 것, 나의 생사를 좌우할 수 있는 생각을 발견하는 것이다.

그에게 질랜드 사건은 '자신의 내면을 알고 자신을 발견'하고자 한 '실존'적 사건이었다. 그의 삶은 이 사건 이전과 이후로 뚜렷하게 나뉜다. 완전히 다른 삶을 살기로 결단하는 자신만의 '질랜드' 사건을 경험해야 한다. 체 게바라의 남아메리카 여행이나 괴테의 이탈리아 여행처럼 혹은 엥겔스가 마르크스를 만난 것처럼 새로운 나와 새로운 가치의 탄생을 통과해야 한다.

키에르케고르 식의
사랑

키에르케고르의 삶과 그의 실존철학을 읽어내는 데 레기네 올젠(Regine Olsen)과의 사랑과 파혼을 말하지 않을 수 없다. 첫눈에 반한 사랑이었던 올젠은 그에게 "내 마음을 장악한 주권자", "알 수 없는 신성"이었다. 사랑의 열광에 빠져든 그는 3년 후 약혼했고 다음 날 청혼을 후회했다. 죄의식, 심한 우울증이 그 원인이었다고 추측할 뿐, 진실의 열쇠는 그만이 갖고 있다.

키에르케고르는 《불안의 개념》에서 결혼생활을 같이 하면 6개월도 안 되어 파경에 이르게 될 것이라고 스스로 생각했다. 그는 청혼한 뒤 1년도 채 안 되어 편지로 파혼을 통보했다. 파혼은 했으나 그가 그녀를 끝까지 사랑했던 것은 그의 작품 《두려움과 떨림》이나 《반복》 그리고 유산과 관련 글에서도 확인할 수 있다.

파혼 통보 후, 키에르케고르는 그녀에게 파혼의 책임을 지우지 않기 위해 스스로 여성 편력이 심한 사람으로 행세하기도 했다. 일종의 책임 회피와 완전한 사랑에 대한 동경, 그리고 복잡 미묘한 감정이 그로 하여금 그러한 선택을 하게 하지 않았을까. 칸트 식의 우유부단한 사랑인지, 니체 식의 열광적 사랑이 아니라, 깨지지 않도록 오래 간직하고픈 불안의 사랑인지, 실체적 사랑의 결여에서 오는 감정인지. 어찌 보면 그 이면에는 그의 생을 지배한 떨쳐버리기 어려운 불안의 정조가 사건에 영향을 미친 것으로 보인다.

불안과 절망이
이끄는 곳은

키에르케고르의 정서의 밑바닥에 있는 것은 절망과 불안

이다. 실존적 성취이든 사회적 성취이든 불안감으로부터 완전히 자유로운 인간은 없다. 우리는 각종 시험 앞에서, 취업과 승진, 퇴직, 사회적 관계에 불안해하며 때론 절망감에서 헤어나오지 못하기도 한다. 내가 좋아하는 연예인이나 작가, 마음을 주었던 사람들의 이야기를 들으면서 '그들도 그런 시간이 있었지'라고 생각하며 자기 생을 위안하기도 한다.

키에르케고르가 말하는 것은 구체적인 사건에서 오는 불안과 절망이 아니다. '근원적'인 것이다. 원인을 알 수도 없고 정체가 밝혀지지 않는 불안의 정체는 무(無)에서 온다. 자기 존재의 실존적 무기반성을 감지할 때 인간은 비로소 무와 마주한다. 이 불안은 술과 노래, 식도락, 취미 중독으로 치유되지 않는 근본적인 것으로 '병'과 같은 것이다. 잊은 듯하지만 불현듯 고개를 내미는 '나'가 존재하고 늘 붙어 있기 때문에 이 불안은 존재론적 불안이다. 그렇다고 해서 절망까지 하는 사람은 드물다.

하지만 무를 실존적으로 체험해본 사람은 절망한다. 이 절망은 '자기 자신에 대해서 절망하는 것'이다. 나의 존재의 근거가 없음을 온몸으로 경험한 그 절망의 끝에서 '선택상황'에 놓이게 된다. 극복이냐, 극단적 선택이냐? 이것이냐, 저것이냐를 선택하게 된다. 자기 존재의 의미는 이 시점에

Anxiety, 1926, Kuzma Petrov−Vodkin

서 시작된다.

자기 되기

존재론적 불안의 끝에 나타나는 절망은 머릿속의 곰팡이 정도가 아니라 정신의 병과 같은 것이다. 키에르케고르는 누구보다 자신의 실존에서 그것을 체험하면서 절망 앞에서 세 가지 대응 양태가 있음을 《죽음에 이르는 병》에서 말한다. "세 가지 형태, 절망하여 자기를 소유하고 있음을 깨닫지 못하는 형태, 절망하여 자기 자신이기를 원하지 않는 형태, 절망하여 자기 자신이기를 원하는 형태." 자기를 잃어버린 상실과 도피적 자기부정, 자기 되기의 욕구로 구분한 셈이다. 영화나 드라마에서 절망하는 인물들도 구분할 수 있는 낯설지 않은 유형이다.

키에르케고르나 우리에게 실존한다는 것은 절망의 상태에서 벗어나는 것이다. 절망으로부터 벗어나 실존의 가능성으로 나아가는 것은 거대한 자유의 바다에 홀로 있는 자신이 자신만의 항해 지도를 만드는 것, 곧 자기 되기다. 거대한 자유의 바다는 무한한 가능성이 있고 행위가 일어나는 공간이다. 불안에서 오는 절망은 우리를 주저앉히기도 하지만 자기 되기의 자유를 낳기도 한다.

자기 되기는 한 번에 되는 것이 아니다. '과정' 속에 되어 가는 것이다. 변함없고 고정적인 자기가 되는 것이 아니며, 단절과 극복으로 한순간에 이루어지는 것도 아니다. 그래서 키에르케고르는 자기 되기를 세 단계로 나눈다. 이런 도식화가 유의미한지 의문을 던질 수 있지만 그는 자기 되기의 이상적인 모델을 보여주려 단계론을 설정한다.

미적 실존
– 돈 후안과 파우스트

자기 되기의 가장 낮은 단계, 굳이 이 단계에 실존이라는 말을 붙인다면 미적 실존의 단계이다. 성 아퀴나스, 톨스토이, 도스토예프스키가 그들 자신이 되기 전 도박, 마약, 쾌락을 즐기던 모습이나 아무 생각 없이 오감의 즐거움을 향유하는 삶이 미적 실존이다. 맛집을 찾아 삼만 리를 마다하지 않는 사람, 유행을 쫓는 사람, 술에 취해 사는 사람, 게임 중독자 모두 미적 실존에 머무는 경우이다. 명예나 권력을 제1가치로 삼는 삶, 수단과 방법을 가리지 않고 부를 축적하는 삶, 공무원이 되어 안정을 추구하는 모두가 욕망의 재생산으로부터 벗어나지 못하는 미적 실존의 양태들이다.
키에르케고르는 미적 실존의 상징적 인물로 돈 후안과 파우스트를 제시한다. 인스턴트 섹스 향유자들이 돈 후안 형의 실존이다. 이는 배설과 심리적 소비 행위가 결합한 산물이다. 생각 좀 하는 사람들에게서 발견되는 파우스트 형의 미적 실존은 회의와 우울의 세계관을 갖고 있다. 홍상수 영화 속 주변부 지식인 인물들에서 볼 수 있는 유형이랄까? 인간의 한계를 절감하는 인간은 그것을 잊기 위해 임시적인 것에 안주한다. 파우스트의 경우 안주의 대상이 젊음과 사랑이었다.

홍상수 영화의 인물들은 상대주의에 빠졌거나, 지독한 회의주의자거나, 아니면 사건에 별다른 의미를 부여하지 않으려는 인물들이다. 수준 낮은 파우스트적 실존이다. 키에르케고르 자신도 출생의 비밀을 알고 난 후 음악, 술, 여자들과 함께하는 시절이 있었다. 그는 그것을 탐닉했지만 때로 권태를 느꼈고 괴로워했다. 채워지지 않는 갈증의 정점을 경험한 그는 미적 실존의 삶과 결별한 바 있다.

윤리적 실존
- 욕망의 대상이 아닌 관계로서의 타자

채워지지 않는 욕망, 욕망을 해결한 뒤에 오는 허탈감, 더 큰 욕망에의 집착, 그리고 또 절망…… 이런 악순환 속에서 사람들은 어느 순간, 자신이 살아온 삶을 성찰하고 '더 의미 있는 삶'을 그리며 새로운 삶을 기획한다. 키에르 케고르는 이런 사태를 '절망의 역설'이라고 부른다. 절망의 역설이 윤리적 실존을 낳는다. "인생을 윤리적으로 보는 사 람은 보편적인 것을 보고, 윤리적으로 사는 사람은 자신의 생활 속에서 보편적인 것을 표현"한다는 그의 말 속에 윤리 적 실존의 양태가 다 드러난다. 윤리적 실존은 실존의 관계 학이다. 조병화의 시 〈남남33〉은 키에르케고르의 윤리적 실존 개념을 시적 언어로 보여준다.

네 속에 날 본다
네 말속에 날 듣는다
네 숨에서 날 쉰다
네 몸에서 날 만진다

관계의 윤리와 성숙한 인격성을 드러내는 삶이 윤리적 실 존이다. 키에르케고르의 파혼은 미적인 것과 윤리적인 것 의 결합이 실패했음을 보여주는 사건이다.

종교적 실존
- 기형도와 윤동주

윤리적 실존으로 평생 산다는 것이 가능할까? 정작 사람들은 윤리적인 딜레마의 상황에 자주 봉착하고 그 속에서 실망과 죄책감을 느낀다. 그 순간에 인간은 스스로를 위로하기도 하는데 이것을 키에르케고르는 유머(humor)로 칭했다. 유머란 윤리적 실존을 위한 인간의 부단한 노력에도 불구하고 어쩔 수 없을 때, 씩 웃는 것을 말한다. 이와 같은 상황에서 대부분의 사람은 "이게 인생이지 뭐"라고 말한다. 하지만 유머의 한계를 인식하는 사람, 윤리적 실존 의식과 유머 사이의 채울 수 없는 틈에 민감한 사람은 인간 존재의 새로운 의미를 종교적 실존에서 찾는다.

키에르케고르가 생각한 종교적 실존은 내면적 완성을 추구하는 삶이며 이것을 일반적 의미의 종교적 실존과 구별해 '종교적 실존 A'라고 표시했다. '종교적 실존 A'를 대표하는 인물이 소크라테스이다. 소크라테스는 올림프스 산의 그리스 신들을 믿었다는 의미에서 종교적 실존자라고 말할 수 있지만 그것보다 이론이성과 실천이성의 완성자였다. 그의 눈으로 볼 때 빌헬림 마이스터나 근대 교양소설의 주인공들, 싯타르타 같은 구도자들도 다른 차원의 종교적 실존자라 할 만하다.

그러나 온전한 실존은 그것만으로 부족하다. '종교적 실존 B'로 비약해야 한다. 키에르케고르는 계시종교인 기독교의 신 앞에서 신의 육화라는 '절대 역설'을 받아들이고 신을 앎의 대상이 아닌 신앙의 대상으로 받아들이는 단독자가 될 때 실존하는 것이라고 믿었다. 기형도의 산문집《짧은 여행에 대한 기록》에는 키에르케고르가 '종교적 실존 B'의 실존자라고 할 만한 단서가 있다.

나는 죄인이다. 나는 앉아서 성자되기를 기다렸다. 그러나 그 누구도 나에게 경배하러 오지 않았다. 오히려 내 육체에 물을 묻히고 녹이 슬기를 기다렸다. (…) 내가 거듭 변하지 않는 한 아무것도 변하지 않을 것이다. 거듭 변하기 위해 나는 지금의 나를 없애야 한다. 그것이 구원이다.

아브라함은 '살인하지 말라'는 윤리적 명령과 '아들을 죽이라'는 신의 명령 사이에 갈등의 밤을 새우지 않고 신의 명령에 절대적으로 복종했다. 아브라함과 같은 단독자만이 진정한 실존에 이를 수 있다고 믿었던 키에르케고르의 눈에 자기부정을 통한 구원을 말하는 기형도의 실존적 상황은 종교적 실존 B에 해당된다. 독실한 기독교 집안에서 자란 기형도는 누이 기순도의 죽음 이후 방황하며 교회에 나가지 않았다.

시 〈여행자〉에서 보듯 "나는 이곳까지 열심히 걸어왔었다, 시무룩한 낯짝을 보인 적도 없다"고 말할 정도로 윤리적 실존의 삶을 살았지만, 부딪힐 수밖에 없었던 문제는 "그렇다면 도대체 또 어디로 간단 말인가!"와 같은 단독자 없는 삶의 의미 결핍에 대한 절망이다. 키에르케고르가 볼 때 기형도는 위와 같은 여정을 거쳐 단독자 앞에 선 것이며 비로소 궁극적인 실존에 이른 셈이다.

기형도가 자기부정이 곧 구원임을 인식하는 종교적 실존의 초입을 보여주고 있다면 윤동주는 〈십자가〉에서 예수와 자신의 농일시를 희구하며 자신도 십자가를 지셨다고 종교적 결단을 감행한다.

종소리도 들려오지 않는데
휘파람이나 불며 서성거리다가,
괴로웠던 사나이,
행복한 예수 그리스도에게
처럼
십자가가 허락된다면

모가지를 드리우고
꽃처럼 피어나는 피를
어두워가는 하늘 밑에
조용히 흘리겠습니다.

종교적 실존 B에서
다시 실존으로

기형도의 회심과 윤동주의 십자가 지기는 오늘날과 같은 종교의 종말 시대에 낯선 고백이다. 유감스럽게도 윤리적 실존이 수반되지 않는 키에르케고르 식의 종교적 실존 B는 의미가 없다. 비록 그가 신의 명령을 따르기 위해 윤리적인 규범을 목적론적으로 정지시켰다고 말하지만 말이다. 현대인들에게 일종의 취향 선택처럼 되어버린 사이비 종교적 실존 B의 껍데기를 벗으려면 처음의 키에르케고르로 돌아가야 한다.

그가 말하는 실존의 원초적 의미, 즉 자기 자신과 관계 맺기를 다시 시작해야 한다. 자기란 "자신과 어떤 관계에 있는 것"이다. 인간은 유한성과 무한성의 사이, 자유와 필연의 사이, 순간적인 것과 영원한 것 사이에서 자신 자신과 관계한다. 그가 실존이고자 한다면.

키에르케고르의 교설과 달리, 나는 그가 과연 자신이 말한 종교적 실존 B를 살았는지 의문이다. 왜냐하면 종교적 실존 방식의 진실성은 그 자신의 자기 판단 너머에 있기 때문이다. 그것이 종교적 실존 B의 특수성이다. 권력으로서, 제도로서, 가치로서 종교의 죽음 이후 사람들은 키에르케고르 식보다는 니체적 실존의 방식에 귀를 더 기울인다. 아브라함이 된 내가 아니라 내가 된 나를 더 동경하기 때문이다. 하지만 어딘가에는 21세기환된 톨스토이나 도스토예프스키 방식의 종교적 실존 B가 있을지도 모른다.

Chapter 05

소외와 자기 감금과 존재 망각

프란츠 카프카

Franz Kafka

1883 ~ 1924

카프카의 소설은 천 개의 얼굴을 지니고 있다. 어떤 이들은 종교적이거나 서술적으로 분석하고, 또 어떤 이들은 후기 구조주의적으로, 마르크스주의적으로 해석한다. 어떤 렌즈를 통해 들여다보든 《선고》, 《성》, 《유형지》, 《판결》 등 그의 소설에 발을 들인 사람은 '실존'이라는 문제의식에서 빠져나올 수 없다. 특히 《변신》은 사회적, 정신분석적 관점이 실존의 개념으로 수렴되는 대표적인 작품이다.

글쓰기에 대한 카프카의 생각을 살펴보면, 실존주의적 작품 해석의 특징이 더욱 잘 드러난다. 카프카는 자기 생활의 중심이 '글쓰기'이며, 그것이 자기 존재의 내적 가능성을 탐구하는 유일한 수단이라 생각하며 살았다. "소설은 읽혀지기 위해서가 아니라 쓰여지기 위해 있는 것"이라는 카프카의 말은 위와 같은 사실을 단적으로 말해준다. 그에게 금욕의 상징이자 자유와 고독을 의미하는 독신 생활은 글쓰기를 통해서 자신과 대화하는 정신적 실존의 공간이자 그만의 실존의 조건과 같은 것이었다.

《변신》은 1912년 11월에 시작해 불과 20일 만에 완성된 작품이다. 작품에 나오는 집의 구조는 실제 그가 살던 집의 구조와 같다고 알려져 있다. 이 작품은 좁은 집, 그레고르의 방이라는 제한된 공간과 3개월이라는 짧은 시간 속에서 나-가족-직장-사회-자본주의의 상호관계를 압축적으로 보여준다. 카프카는 그와 같은 방식을 통해 미시적 접근만으로도 인간 실존의 본질적인 문제를 훌륭하게 조명하고 있다. 그는 실존의 미시물리학자였던 셈이다.

김 과장과 박 대리에게
묻다

현대인은 '지금 나는 나의 삶을 살아가고 있는가?'라는 질문을 던지는 데 익숙하지 않다. 아니 그러한 질문을 던질 시간을 갖기도 쉽지 않다. 왜냐하면 우리는 '누구'와 '무엇'이라는 기능 수행자의 삶을 살기에도 벅차기 때문이다. 《변신》 속 그레고르의 삶도 그러하다.

어쩌다가 이런 고달픈 직업을 택했단 말인가! 날이면 날마다 여행이나 다녀야 하다니. 사무실에서 근무하는 것보다 업무상 스트레스가 훨씬 더 심하다. 게다가 여행하다 보면 골치 아픈 일들이 한두 가지가 아냐. 기차를 제대로 갈아타려고 신경 써야 하는 일, 불규칙하고 형편없는 식사, 상대가 늘 바뀌는 탓에 결코 지속될 수 없고 진실해질 수도 없는 만남 따위들. 이 모든 것을 왜 악마가 잡아가지 않는지 모르겠다!

그레고리는 실적에 대한 압박, 직장을 잃을지도 모른다는 걱정, 지배인으로 대변되는 노동 감시와 통제, 근거 없는 비방과 우발적인 사건에 시달린다. 그레고르의 고백은 빠져나올 수 없는 일상의 무게만이 아니라, 사회적 관계의 표피성과 일회성을 적나라하게 드러낸다. 과연 현실의 관계에 진실함이란 있는 것일까. 이런 관계 속의 삶이 우리를 행복하게 할 수 있을까.

그레고르가 갑충인 이유

그러던 어느 날 그레고르는 갑충으로 변신한다. 그는 갑충으로 변했지만 여전히 인간의 의식을 갖고 있다. 그는 갑충으로 변해버린 자신의 모습을 사실 그대로 냉정하게 서술하며 자신을 바라보는 가족들의 의식도 충분히 인지한다. 그는 갑충으로서 그들에게 어떻게 행동해야 하는지를 생각하며 신중하게 행동한다.

여기서 우리는 인간을 갑충으로 만들어버린 카프카의 실존주의적 면모를 살펴볼 수 있다. 그가 말하는 갑충으로서 그레고르는 하이데거의 다스만(das Man), 곧 평균적인 일상인과 크게 다르지 않다. 그저 거기에 존재하는 현존재와 갑충으로서 그레고르는 동일인물이라 해도 무방하다. 갑충은 일상적 삶의 예속자이자 주체 없는 주체이다.

그레고르는 '주인 없이 끌려가는 타인적 삶의 주인공'이며, 그런 의미에서 주체로서 인간이 아닌 사회라는 거대 조직의 인형이자 가족이라는 경제 공동체의 피지배인이다. 동시에 그레고르는 사회로부터의 소외, 조직으로부터의 소외, 노동으로부터의 소외, 애착 관계로부터의 소외, 자기소외의 주인공이다. 그레고르가 갑충인 이유는 거기에 있다. 갑충이 된 그레고르는 현대인의 실존적 상황을 함축적으로 보여준다.

소외와
자기 감금

하룻밤 사이에 갑충이 되어버린 그레고르가 처음 경험하는 것은 타자로부터의 소외이다. 거실로 나오는 그의 모습을 본 어머니는 "사람 살려!"라고 외친다. 그레고르를 본 지배인은 한달음에 집 밖으로 사라져버렸다. 그의 아버지는 지팡이와 신문을 마구 흔들어 그레고르를 방에 가두어버린다. 그의 아버지는 뒤에서 그를 걷어찼고 그레고르는 피를 흘리며 방 속 깊숙이 날아가 떨어진다. 아버지는 갑충 그레고르로 인한 소란을 잠재우고 그를 감금시킨다. 그레고르의 가족들은 그를 보호한다는 핑계로 "아무도 집에 혼자 남으려고 하지 않는다".

이러한 장면들은 나와 다른 흉측한 모습을 한 타인, 과거엔 나의 친구나 가족이었으나 괴물이 되어버린 타자와의 분리를 의미하며, 타자에게 존재의 공간을 허용하지 않는 폭력을 함축한다. 소설에서 이 의도적인 유폐의 정당성 문제는 제기되지 않으며 마치 폭력이 자연적인 양 묘사되고 있다. 타자 관계에서 철저히 소외된 갑충 그레고르는 더 이상 자신의 방에서 나오려 하지 않는다. 유폐와 자기 감금이 동시에 일어나는 것이다.

방은 소외와 자기 소외를 드러내는 상징이다. 방은 사회적 삶과 가족으로부터 독립된 자기 휴식의 달콤한 사적 공간이 아니다. 또한 그레고르의 방은 열차 시간표와 옷감 견본이 널려 있는 연장된 노동의 공간이다. 이와 같은 사적 공간과 공적 공간의 미분리는 자본주의 사회에서 사회적 생존을 위한 노동 강박을 경험하는 현대인의 모습을 상징한다. 오늘날 휴대전화가 직장 안과 밖의 분리를 해체하듯이 소설에서 방은 같은 의미를 갖는다.

소설에서 방은 유폐와 자기 감금의 과정에서 점점 작아진다. 갑충 그레고르는 소파 안이라는 축소된 방을 스스로 만들어낸다. 그러나 그는 새로운 방에서 완전한 편안함을 느끼지 못한다. 자신의 몸이 소파 안으로 다 들어가지 못하기 때문이다. 그 속으로 들어가고 싶지만 그럴 수 없는 그레고르의 현실은 '내적인 방'마저도 확보하기 힘든 우리들의 모습을 보여준다. 마음의 안식처로서의 방이 더 이상 없는 것이다. 방 없는 자가 우리 현대인이지 않은가!

소통의
불가능성

방은 소통의 단절, 곧 사적 언어의 감옥을 상징한다. 갑충으로 변한 이후 그레고르는 출근을 서두르라는 어머니, 여동생, 아버지의 목소리를 듣는다. "네네, 고마워요, 어머니. 벌써 일어났어요", "이제 준비 다 됐어요" 여기까지는 그의 가족이 알아듣는 듯하다. 그러나 이내 그레고르의 말들은 가족에게 '짐승의 소리'로 인식된다. 인간의 목소리로 말하지만 동물의 소리로 듣게 되는 소통의 단절이 발생한다.

언어적 소통 불가능성의 경험은 곧 제한적 의사소통의 가능성마저 소멸된다는 것을 보여준다. 그런데 이는 곧 원초적 번역 불가능성으로 나타난다. 그레고르와 가족은 각자의 언어를 번역한 사전을 가지고 있지 않으며 두 언어는 각자에게 소음이 되고 만다. 사전을 만들 생각조차 하지 않기 때문에 번역은 애초에 '원초적'으로 봉쇄된 셈이다.

그레고르는 거실에서 가족들이 무슨 말을 하는지 들으려고 시도한다. 그러나 원초적 번역 불가능성이 해소되지 않는 이상 부질없는 일이다. 그레고르의 그러한 행동은 소통에 대한 강렬한 의사 표현이지만 수신자가 없는 일방적 표현일 뿐이다. 그레고르와 가족은 각각 자신의 언어라는 방에 갇힌 것이다.

각자의 방에서 자기 언어 곧 소통 불가능한 사적 언어만이 반복적으로 발화된다. 존재를 의미하는 언어가 사적 언어 놀이로만 기능할 때 세상은 감옥이 된다. 카프카는 우리에게 그레고르와 가족이 상이한 언어 감옥이라는 방 속에 갇혀 있음을 보여주며, 소외의 또 다른 근본적 이유를 제시한다. 우리들의 소외는 언어를 잃어버리는 데서, 사적 언어의 감옥에 갇힌 데서 비롯되는 것이 아니라 소통의 사전을 만들지 않으려는 데서, 각자의 언어만을 말하는 데서 비롯되는 것이 아닐까. 아마도 이 장면에서 카프카는 그것을 말하고 싶었을 것이다.

역사 없는
실존은 없다

자기 존재의 망각은 비단 기억 상실로만 가능한 것은 아니다. 자기가 중요하게 생각했던 가치를 잃고 완전히 다른 존재로 사는 것 역시 존재의 망각이다. 그레고르는 처음에 갑충으로 변한 이후 자기 몸에 적응하는 데 애를 먹는다. 그러나 시간이 지나면서 그는 몸을 원하는 대로 자유롭게 쓸 수 있고 창문에 걸터앉아 밖을 보거나 천장에 매달려 있는 것을 좋아할 만큼 갑충으로 사는 데 익숙해진다. 그러나 두 달쯤 지나 그는 머리가 뒤죽박죽 된 것이 아닌가 싶을 정도로 혼란스러워하며 더 이상 가족에게 신경을 쓰지 않게 된다. 인간과 갑충의 경계선에서 갑충으로 존재 전환이 시작된 것이다.

그러던 차에 여동생 그레테는 그레고르에게 놀이 공간을 만들어주기 위해 책상과 서랍장을 치우려고 한다. 그 가구들은 물려받은 가구들일 뿐만 아니라 그레고르가 초등학교 때부터 숙제를 하던 그만의 책상이다. 이제 벽에 유일하게 남아 있는 그림도 동생이 치우려고 한다.

그 그림엔 "온통 모피로 감싸고 있는 여자"가 있다. 그것은 그레고르가 화보 잡지에서 떼어낸 것이고 액자는 그가 이삼 일 동안 실톱으로 직접 제작한 것이다. 그레고르는 동생의 선의를 알지만 강하게 저항한다. 그는 그림만큼은 결단코 아무에게도 빼앗기지 않으려고 그림 위에 찰싹 달라붙어 있다. 이때 그의 동생은 "오빠 정말 왜 이러는 거야!"라고 소리치며 잡아먹을 것처럼 위협한다.

모피를 두른 여인, 액자, 책상, 서랍장은 그레고르에게 매우 중요하다. 그런데 갑충이 된 지금 실존의 역사를 같이 한 물건들이 눈앞에서 사라지는 것을 보고 있다. 그 물건들은 그가 갑충으로 변신하기 이전에 인간이었음을, 하나의 실존적 존재였음을 증명하는 물건들이다. 그래서 그레고르는 물건과 자신을 동일시하며 인간으로서의 영원한 잊힘, 실존적 존재 망각에 대한 저항을 시도하는 것이다.

이 저항은 부분적인 존재 망각의 저항이 아니다. 그가 사랑한 물건, 특히 존재의 마지막 징표인 '그림의 사라짐'은 곧 완전한 자기상실을 의미하며, 의식 없는 하나의 갑충이라는 비존재로의 전락을 뜻한다. 그와 같은 정체성의 완전한 상실에 대한 위기에서 그레고르는 그레테의 얼굴에 자신의 몸을 던짐으로써 자기 상실을 막으려고 무진 애를 쓴다.

어떤 사람들은 그레고르처럼 의식적으로 자기 정체성을 지키려 노력한다. 하지만 또 어떤 이들은 자기 정체성이 변질되는 것을 자각하지 못한다. 한 사람의 역사에서도 마찬가지다. 어떤 때는 자신의 성장과 퇴행을 자각하지만, 또 어떤 때는 자신의 변화를 감지하지 못한다. 되돌아보면 의식적으로 노력했거나 저항하지 않았던 순간을 우리는 기억해낼 수 있다.

'본래적 자기로 돌아가기'는 그레고르처럼 자기 실존의 역사를 간직하는 데부터 시작해야 하지 않을까! 과거 없는 현재, 역사 없는 실존은 없다. 그레고르의 저항은 그가 인간이었음을 자각하고 인간으로 회귀하려는 최고의 존재 사건이다. 나를 찾는 저항, 혹은 지키는 저항 속에 실존이 피어나는 것임을 우리는 알고 있다.

비슷한 이유로
유지되고 해체되는 가족

《변신》은 그레고르의 변화만이 아니라, 아버지와 어머니 그리고 그가 사랑한 동생의 의식과 태도의 변화도 그려낸다. 이들의 변화는 단순히 상황에 따른 변화 이상의 변신을 의미하는데, 이 변신은 전근대적 가족주의에서 자본주의 사회의 기능화된 가족 및 개인주의로 이행하는 풍경과 같은 것이다.

그레고르가 경제적 기능의 수행자로서 자기 역할을 상실하자 그의 아버지는 '은행 수위 제복'으로 상징되는 제도화된 기능인으로 그레고르의 대체자가 된다. 무기력했던 그가 새로운 가족관계에서 '권위'가 되며 아들 그레고르의 처벌자가 된다. '사과를 던지는 아버지의 행위'는 더 이상 쓸모없는 존재가 된 자, 잉여인간에 대한 사회적 징계를 상징적으로 보여준다.

동생 그레테는 '쓸모없는 소녀'에서 '인본주의'로 포장된 전근대적 가족주의의 해체자로 변신한다. 그녀가 쓸모없는 소녀였을 때 그녀는 갑충인 그레고르를 가장 잘 수용하는 인물이었다. 그런데 갑충 그레고르에 대한 분노와 가족이 길거리로 나앉을 수 있다는 위기감은 갑충 그레고르에 대한 혐오의 감정을 자아내고 "저런 괴물을 오빠로 인정할 수 없다"고 선언하게 만든다. 그 선언은 사회적 기능과 가족 내 역할을 상실한 자에게 '가족이란 무엇인가'에 대한 그녀의 대답을 고스란히 담고 있다. "우리는 인간으로서 할 수 있는 최선을 다했다"는 그녀의 강변은 가족주의로 회귀하는 목소리가 아니다. 그것은 가족 해체를 선언하는 자기 정당화 논거이며 동시에 우리가 죄의식을 스스로 씻으려 할 때 흔히 쓰는 사후 정당화 논리이다.

어머니의 빨래 노동, 여동생의 판매 노동, 아버지의 수위 노동이라는 노동분업의 체제가 그레고르의 가족관계를 새롭게 재구성한다. 애착 중심의 가족에서 기능 중심의 가족으로의 변화를 카프카는 우리에게 그레고르의 가족을 통해 보여준다. 종이 한 장만큼의 얇은 애착임을 서로는 이미 알지만, 때론 두꺼운 널빤지처럼 크게 부풀려야 할 때가 있고 그래야만 하는 순간을 우리는 직감하곤 한다. 기념사진을 찍듯이 가족의 가치를 기념하고 싶어서 나서는 사람이 그레고르의 가족에서는 아버지였다.

그레고르 아버지의 가족예찬은 가족의 해체를 불러온 기능화된 경제공동체로서 가족의 모습이 원래의 모습이 아니라는 황홀한 알리바이가 아닐까라는 카프카의 물음인 듯하다. 그레고르의 아버지, 엄마, 동생처럼 우리네 가족도 안

락한 가정과 좋은 집 그리고 가족 만찬을 즐기고 싶어 한다. 하지만 그레고르의 가족처럼 여전히 비슷한 이유로 우리의 가족도 해체되고 유지된다. 헐리우드 영화의 주된 주제가 가족이라는 예시를 들지 않더라도 가족 예찬의 소리가 크면 클수록 위기신호가 크다는 이야기다. 가족이라는 프리즘으로 그레고르의 가족을 들여다보면 《변신》은 현대 가족사회학의 씨를 뿌린 작품이라는 생각이 든다.

새로운 존재로의 꿈,
자기 구원을 알리는 리듬

작가정신으로 무장한 고독한 독신자 이미지와 달리 카프카는 많은 친구가 있었고 당대의 예술가와 빈번하게 교류했다. 그는 평범한 사람처럼 결혼하고 행복하게 살고 싶어 한 사람이기도 했다.

카프카는 집주인 딸과 사랑에 빠지기도 했고, 청혼했던 펠리체 바우어와 이별한 후 깊은 슬픔을 기록으로 남겼다. 그는 펠리체와는 두 번 약혼하고 두 번 파혼했다. 이 사건은 우리로 하여금 카프카의 소심한 성격과 그의 사랑의 색깔을 짐작케 만든다. 그는 율리 보리체크라는 여성과 결혼을 시도했지만 아버지의 반대 때문에 결혼이 성사되지 못했다. 《화부》를 체코어로 번역할 것을 부탁하면서 급격하게 가까워진 예젠스키도 마음속의 연인으로만 그의 가슴에 남게 된다. 평범하게 살고자 했던 카프카에게 문학이라는 신이 사랑을 허락하지 않음으로써 그를 작가로 만들었을까.

카프카가 새로운 존재로의 꿈을 꿀 때 '아버지 넘어서기'는 평생의 과제였다. 아버지로 표상되는 가부장의 권위와 가족이라는 이데올로기와 평생을 불화했고 화해를 시도하기도 했고 싸우기도 했다. 그가 남긴 아버지에게 쓴 수많은 편지들을 보면 왜 평론가들이 '아버지'가 그의 소설의 주인이라고 하는지 누구나 짐작할 정도이다. 그레고르의 아버지가 카프카의 아버지이고 카프카가 그레고르였음을 우리는 그 편지에서 확인할 수 있다.

우리가 가족 부양의 강박과 노동 이데올로기의 희생자로 살고 있다면, 우리가 책임과 의무를 다하려는 평범한 사람이자 회의하지 않는 신념에 찬 도덕주의자라면, 우리가 상처 주기와 상처 받기에 예민하고 착하고 진실에 민감한 소시민의 외투를 입고 살고 있다면 우리 자신이 카프카이고 그레고르이지 않을까.

중요한 것은 우리의 그레고르는 우리처럼 고민하고 갈등하고 괴로워하고 아파하면서 싸우기 시작했다는 것이다.

자기 구원의 리듬을 만들어나간 것이다.

자기 구원을
향하여

'변신-감금과 자기 감금-자기 망각에의 저항-죽음'의 서사를 보여주는 카프카의 소설처럼, '실존한다'는 것은 결코 쉬운 일이 아니다. 많은 사람이 소외와 자기 소외 속에 살아간다. 자기 망각 속에 살아간다. 최면을 걸고 그저 웃으며 살아간다. 융통성이나 조화 혹은 중용의 이름으로 자신의 모습을 적절히 감추며 살아간다. 이처럼 색깔 없는 삶에 빠져 사는 사람들은 옷차림으로, 잠깐의 일탈로, 그럴싸한 아우라로 색을 입히고 마법의 주문을 익숙하게 읽어나간다.

이런 사람들은 음악을 들으러 "실밥이며 머리카락이며 음식 찌꺼기 따위를 등과 옆구리에 붙인 채" 거실로 기어 나오는 그레고르와는 사뭇 다르다. 그는 왜 기어 나오는가? 바로 음악 때문이다. 그는 스스로 음식을 거부해왔다. 그런 그가 동생의 바이올린 소리를 듣고 출입이 금지된 거실로 나온다. 그가 왜 나와야만 하는지 다음의 글은 말해준다.

The Sleeping Gypsy, 1897, Henri Rousseau

음악에 이토록 감동받는 데도 그가 짐승이란 말인가? 그에게는 마치 자신이 열망하던 미지의 어떤 양식을 얻는 길이 열리는 것처럼 생각되었다.

음악은 그에게 미지의 양식과 같은 것이다. 연주 소리에 귀 기울이는 것은 생물학적 생존을 넘어 '가치를 추구하는 존재로의 전환'에 대한 욕구의 표현이다. 동물에서 형이상학적 존재인 인간으로 존재의 상승이 곧 음악으로 가는 길이다.

그레고르에게 음악은 자기 구원의 매체이자 그것 자체이다. 돼지와 같이 사는 세 명의 하숙집 남자들로 사는 것이 아니라, 자기 구원을 추구하는 그레고르의 모습이 바로 '실존'의 참된 모습이다. 그레고르는 음악이 됨으로써 평화롭게 죽음을 맞이한다. 두려움 없이.

카프카는 우리에게 자기 서사로서 실존이야말로 결국 음악을 들으려 하는 순간에 시작된다는 것을 말하고 싶어 한다. 그렇지 않다면 우리는 갑충 그레고르이며, 하이데거가 말하는 다스만, 니체가 말하는 최후의 인간, 생텍쥐페리가 말하는 지구의 그 흔한 여러 성인 중에 하나에 불과하지 않겠는가! 나의 음악, 나의 노래가 곧 삶의 희열을 만드는 것임을 우리는 안다. 남은 것은 행하는 것!

Chapter 06

나는 왜 그들이 지루하고 재미가 없는 걸까?

마르틴 하이데거

Martin Heidegger

1889 ~ 1976

생의 한가운데를 통과하다 보면 왠지 꺼림직한 일과 사건에 부딪히는 일이 종종 있고 괜히 싫은 사람은 아니지만 피하고 싶은 사람이 있다. 실존철학을 말하면서 피할 수 없는 인물이 바로 하이데거이다. 좋든 싫든 만나야 되는 인물이다. 사회의식과 역사의식이 많은 사람, 개인보다 시스템의 중요성을 잘 아는 사람, 명석판명한 것을 좋아하는 사람은 체질적으로 그를 피하고 싶어 한다.

사회철학자들 특히 맑스주의 철학자들에게 그는 기존 체제를 묵시적으로 옹호하는 반동 철학자이다. 사회 없는 개별성으로서 실존을 말한다는 의미에서 그렇다. 사회와 개인의 변증법을 쓰레기통에 버린 허튼소리가 그의 실존철학이라고 낙인찍는다. 분석철학의 관점으로 볼 때 그의 언어는 그저 신비의 언어일 뿐이다. 한편으로는 불명료한 조작적 언어의 창조자라는 의미에서, 다른 한편으로는 말할 수 없는 것을 너무 쉽게 말하는데 무엇인가 있는 것처럼 말한다는 의미에서 그렇다.

이러한 비난을 받은 것은 당연히 그가 한 사람의 철학자로 이름을 얻은 후이다. 자신만의 색깔 있는 철학을 완성하기 이전에 철학도로서 그는 자신이 어떤 철학을 할 것인가를 오랜 시간을 두고 치열하게 고민했다. 그 고민의 결과가 바로 그와 동일시되는 《존재와 시간》이다. 하이데거는 그동안 존재자만 다루었던 형이상학을 해체하고, 평생의 업으로 존재 자체를 분석하는 기초존재론을 전개했다.

그의 기초존재론은 '현존재 분석'이 중심에 있다. 현존재의 존재양식은 비본래적 자기에서 본래적 자기, 던져진 존재에서 스스로의 삶을 기획하는 스스로 자신을 던지는 존재로의 이행이다. 이 이행에 '죽음에의 선구'가 있다. 평균적인 의식의 다스만(das man)으로부터 탈주의 열쇠가 바로 그것이다. 이것이 과연 우리의 실존의 열쇠이자 나의 실존의 단서가 될 수 있을까?

던져진 존재들

세상에 수많은 것이 있다. 여름 과일 수박, 가을의 코스모스, 산책로의 이름 없는 들꽃, 나의 친구 같은 반려견 산초, 그리고 내가 정말 사랑하는 사람들……. 이들은 모두 존재한다. 존재하는 모든 것들을 일컬어 '존재자(Seindes)'라고 한다. 세월이라는 역사와 우아한 자태를 드러내는 마을 앞 느티나무, 출퇴근이나 산책길에 호흡을 같이하는 나의 반려견 산초는 자기 존재의 의미를 묻지 않는 존재이다. 산초의 눈은 울기도, 웃기도, 미안해하기도, 때론 뿌듯해하기도 함을 자주 드러냄으로써 나보다 더 풍성한 감정적 존재임을 알려주는 듯하지만, 산초가 자기 자신에 대해 묻는다는 것을 확인할 방법은 없다.

동물학과 자연학이 발전했고 종우월주의에 대한 비판도 이제 오래된 것이 되어버렸지만, 인간만이 자기 존재의 의미를 묻고, 분석하고 대답하려 한다는 점은 아직 흔들리지 않는 사실이다. 하이데거는 이 점에 주목했고 자기 자신의 존재 자체를 문제 삼는 존재인 인간을 '현존재(現存在, Dasein)'라고 불렀다.

'저 사람은 막 사는 사람이야, 도대체 고민이라는 것도 없고, 생각도 없지'라고 지적받는 사람이나 자동 반응 기계처럼 지극히 즉물적인 사람은 현존재라고 보기 어렵다. 자기 존재의 의미를 전혀 묻지 않기 때문이다. 존재의 의미를 천착하는 현존재는 세계에 둘러싸여 있다. 이 세계에는 우리에게 용도가 되는 손 안의 존재인 '사물들'이 있고 나와 같은 현존재들이 있다. 현존재가 세계에 존재하는 모든 것과 관계하며 그 속에서 거주하고 그 속에서 벗어날 수 없는 존재임은 자명하다.

이런 의미에서 하이데거는 현존재를 '세계 내 존재(In-der-Welt-sein)'라고 불렀다. 세계 내 존재로서 현존재는 '던져진 존재'이다. 던져졌다는 것은 자발적이지 않다는 것, 피투되어 있다는 것을 의미한다. 부모를 자유롭게 선택해 태어나는 인간은 없다. 이렇듯이 우리라는 존재 자체가 자연적 우연성의 산물이며 동시에 사회적 우연성을 운명처럼 안고 산다.

한국 사회에 태어났고 그것도 베이비붐 시대가 아니라 IMF 시대에, 또 고용 없는 성장 시대에, 인공지능시대에 태어나고 그러한 사회구조적 영향 아래 살아가게 되는 것이 사회적 우연성인데 인간은 사회적 우연성으로부터도 벗어날 수 없는 존재이다. 던져진 존재의 우발성이 우리의 자연적 행복과 사회적 행복에 강력하게 영향을 미칠수록 우리는 더 울기도 더 웃기도 한다.

우리는 개별자로서 던져진 존재라는 현존재의 피투성을
자각할 때 비로소 자신의 존재를 발견한다. 흔히 자각이라
고 하면 이성적 인지를 떠올리는데 하이데거는 정서의 인
지라는 의미로 존재의 자각을 말한다. 그가 생각한 자각은
'던져진 상황 속에 처해 있음'이라는 분위기 혹은 정조를 파
악하는 것을 뜻한다. 이 정조는 어떤 성격을 갖는 것일까?
바로 불안(Angst)이다.

불안이 시를 쓰고
목구멍을 틀어막는다

상상을 해보자. 우리는 지금 우주선을 타고 있다, 그러다
사고가 났고, 전혀 알려지지 않은 행성에 불시착했다. 우리
는 낯선 공간에 존재하는 자신을 제일 먼저 인지하게 된다.
게다가 앞으로 무엇이 일어날지도 모르는 불안한 정서에
지배받게 된다. 하이데거는 세계 내에 존재하는 현존재의
불안을 이것과 크게 다르지 않게 설명한다. 세계 내 던져진
존재인 현존재는 왜, 어떻게, 무엇을 위해서 던져져 있는지
모른다. 그렇기에 자신이 여러 방식으로 관계하는 세계에
대한 불안은 '근원적'인 것이다.

　김언희의 시 〈불안은 불안을 잠식한다〉는 현존재 앞에

벌어지는 모든 사건에 불안이 달라붙어 있고 마침내 불안
이 불안을 잠식하는 사태에 처하게 되는 것이 현존재의 삶
이라고 규정한다.

3분마다 발정하는 불안, 책상 아래서 불알을 주물럭거리는 불
안, 기둥 같은 헛좆을 세우는 불안, 불안이 간통을 하고, 불안
이 시를 쓰고, 불안이 불안의 눈알을 후벼 불안의 목구멍을 틀
어막는다. 심장의 박동, 불안의 비트, 쉭쉭거리는 불안의 피스
톤, 들숨날숨 공기만 마셔도 살이 찌는 불안, 러닝머신 위에서
헐떡거리는 불안, 혀가 말리는 불안, 쓸개에 돌을 박는 불안,
수족관 속에서 질금질금 똥을 지리는 불안, 배가 갈라져도 숨
이 끊어지지 않는 불안, 접시 위에서 벌렁거리는 불안, 우걱우
걱 대가리가 씹히면서도 멈출 수 없는 교미, 다다를 수 없는 나
라에 다다르는 불안

하이데거가 말하는 불안은 이 시의 정서에서 한걸음 더
깊이 들어간다. 그에 따르면 불안은 3분마다 발정하는 것
이 아니라 매초마다 발정한다. 현존재에게 불안은 제거될
수 없다. 불안은 심리적인 무엇이 아니며, 대상이 있는 것
도 아니다. 또 무엇인가가 발생할 것같은 감각질이 만들어
내는 감정 상태도 아니다. 불안은 던져짐에서 오는 현존재

의 정서 혹은 '현존재의 근본 기분'이다. 이 불안은 위의 시처럼 자기 추동적이지 않으며, 자기 생산적이지도 않다. 하이데거가 강조하고 싶은 것은 현존재의 근본 기분인 불안이 현존재로 하여금 자기 존재를 이해하고 존재 의미를 묻는 '단서'를 제공한다는 것이다. 그가 옳다면, 우리에게 과연 어떤 일이 발생할까. 우리는 어떻게 이 근원적 불안에 대처할까.

잡담, 호기심, 애매함

현존재가 기본 정서인 불안이라는 사태에 부딪히면서 비로소 자신의 존재 의미를 탐구하는 계기를 맞게 된다고 해서, 누구나 자신의 존재 의미를 탐구하는 탐구자 혹은 항해자가 되지는 않는다. 피할 수 없는 고뇌의 시간을 통과하는 길이라는 것을 우리는 직감하기 때문이다. '독자적인 나'로서 실존하는 것보다 스스로를 문제 삼지 않으면서 편안하게 살 수 있는 유혹이 세상에는 너무 많다.

게임과 이벤트, 엔터테인먼트, SNS 등 수많은 스펙타클이 우리를 두 팔 벌려 환영하며 향유의 권리를 각인시킨다. 인간이 호모루덴스임을 자각하고 카르페디엠을 추구하지 않는 사람은 과거의 낡은 옷을 입고 있는 사람으로 인식된 지 오래다. 행복심리학 경전들은 일상의 소소한 행복이라는 주문을 우리에게 외우게 만들며 그것이 삶의 진리라고 설파한다.

하이데거는 자기 존재와 직면하지 않고 그것을 피해 사는 사람, 평범한 일상에 빠져 의미를 묻지 않고 사는 사람을 '다스만'이라고 부른다. 그가 말하는 다스만은 도구로서의 용도를 가진 사물의 세계에 빠져 사는 평균적 일상인(현존재)을 말한다.

스마트폰에 빠져 살거나 식도락에 빠져 사는 사람, 오늘은 누구하고 무엇을 하고 놀까에 몰두하는 사람, 최신의 유행을 쫓아 사는 사람, '남들도 다 하는데 나도 해야지'라는 생각과 행동을 일관되게 이어가는 사람이 다름 아닌 다스만이다.

이들은 실존으로 존재하는 것이 아니라 '익명적 다수'로 존재한다. 다스만이 익명적인 이유는 남들이 웃을 때 웃고 울 때 울고 화낼 때 화내며 그들 속에 그들로서 있기 때문이다. 다스만은 자아는 있으나 독립적인 존재가 아니라 지극히 평균적인 의식과 행동양식을 갖고 다수적 존재로 살아간다. '일상의 위대함', '평균적 삶의 행복감' 속에 감춰진 존재의 망각을 들추어내는 개념이 다스만이다.

하이데거는 다스만의 특성으로 잡담(Gerede), 호기심 (Neugier), 애매함(Zweideutigkeit)을 제시한다. 인간은 잡담하 는 존재인지도 모르겠다. TV는 온통 잡담의 향연이다. 다 스만은 '잡담한다. 고로 존재한다'라는 말이 틀린 말이 아 니다.

호기심은 어떠한가? 드라마나 영화의 예고편, 건강과 맛 집 관련 예고편들은 천편일률적인 코드에 의해 구성되지만 여전히 유인효과를 발휘한다. 드라마가 끝나는 시간에 시 청자 게시판을 보면 호기심의 시학이 꽃을 피운다. 낚시 기 사, 황색 기사가 호기심을 역이용하는 악성 저널리즘이 만 연해 있다. 다스만은 일상에서 연예인의 사건, 연애사건, 동료의 행불행 사건에 귀를 쫑긋 세운다. 호기심의 안테나 는 생활에 긴장과 리듬을 주기도 한다고 예찬할 수도 있다.

그러나 대개는 시간과 정열을 낭비하게 만든다. 생활세 계에서 벌어지는 사건과 문제에 곁눈질하고 스쳐지나가는 '어 그래, 대박'이라는 말에는 사태를 뚫고 문제 안으로 들 어가는 진지한 정신이 결여되어 있다. 모든 호기심은 가벼 운 것이며 이내 사라지고 곧 잊히는 즉물적인 관심인 것이 다. 호기심에 동기화된 책읽기를 보자. 당연히 베스트셀러 나 화제작, 유명 작가의 글에 시선을 고정하고 거기에 그 친다.

잡담 능력, 친절한 호기심의 표현은 현대인의 성공 요인이라고 성공학 책들은 말을 한다. 인간관계에서 환영받을 만한 능력이며 다스만의 세계에서 당연히 필요한 덕목이다. 하지만 그들만의 리그에서 그렇다. 진실성이 결여된, 진지한 관심이 배제된 즐거운 대화에 누군가는 싫증을 느낀다. '자신이 소비된다는 느낌'을 받기도 한다. 이러 사람은 다스만의 세계로부터 탈주할 가능성이 매우 높다. 가능성을 촉발시키는 무엇인가가 있게 되면 그 사람은 탈주를 감행하게 될 것이다.

애매함은 다스만의 또 다른 전형적인 특성이다. 다스만의 애매함은 어디서 드러날까? 합리성을 가장한 양비론을 전개하는 언어의 마술사들, 약방의 감초처럼 튀어나오는 연대 책임론을 꺼내면서 도덕적 탁월성을 보여주려는 목소리가 애매함이다. 이것이냐 저것이냐 선택해야 하는 상황에서 양자택일을 하지 않으려는 태도, 판단의 책임을 지지 않으려는 태도 속에 애매함이 자리를 틀고 있다.

"그 사람이 저 자리까지 간 이유를 말해주지. 그 사람은 윗사람이나 아랫사람들에게 결코 자신을 드러내지 않아. 판단하지도, 감정을 드러내지도 않았지. 그것의 그의 성공의 비밀이야." 애매함의 끝판 왕인 한 다스만의 성공 사례다.

그러나 이런 개성 없는 사람이 조직의 리더가 되는 경우는 없다는 것을 다른 다스만들도 경험으로 알고 있다. 다스만들이 모여 사는 세계에서는 '애매함의 미덕'이 조화와 균형, 합리성이라는 가치로 포장된다. 혹자는 삶의 지혜라고 부르기도 하는 것, 그것이 다스만의 애매함이다.

내면의 소리를 듣고
결단하기

현존재의 근본 기분인 불안에 대응하는 다스만의 방식인 잡담, 호기심, 애매함은 자신과의 내적 갈등이나 타자와의 갈등이 적은, 편하고 안정적인 삶을 살게 만든다. '아니 왜, 그런 삶이 뭐가 문제인데'라고 하이데거에게 되물을 수 있다. 하지만 다스만의 삶이 '주체적이고 독립적인 자기 삶'이라고 말할 수 없다. 형이하학적인 욕구만이 아니라 형이상학적 욕구를 가진 현존재라는 존재의 독특성이 다스만으로 살다가도 그 삶에서 피로감을 느끼게 만든다. 언젠가는 '난 이제 지쳤다'라고 말하는 순간이 오게 된다.

그 순간이 찾아올 때 다스만의 탈각이 시작된다. 대개는 긴 여행, 직장을 휴직하거나 관두거나 완전히 다른 직장 혹은 다른 삶의 스타일을 지향하며 새로운 삶을 시작한다. 이런 다스만으로부터의 탈주를 시작하는 삶을 소개하는 글과 영상의 댓글은 용기에 박수를 보내고, 부러워하고, 탈주를 가능하게 한 최소 자본의 필요성을 상세하게 서술하고, 다스만의 행복을 자위적으로 예찬한다. 이 반응들을 자세히 들여다보면 누구나 '탈주에 대한 욕망'이 피상적으로든 구체적으로든 있음을 읽을 수 있다.

하이데거의 눈으로 보면 다스만이라는 비본래적 삶에서 본래적인 자기, 본래적인 삶으로 살아가는 여정을 시작한 것이다. 본래적 자기가 된다는 것은 현존재가 자신의 존재의 의미를 찾아나서는 '실존 가능'으로 나아가는 일련의 과정 전체를 가리킨다. 본래적 자기로 돌아가려면 '양심(Gewissen)'의 부름에 반응해야 한다. 하이데거가 말하는 양심이란 도덕적 준거를 말하는 것이 아니라 '본래적인 자기 목소리에 귀 기울이는 것'을 의미한다.

그리고 양심이라는 내면의 자기 목소리에 귀 기울여 고유한 자신이 되는 것이 실존이다. 즉 실존하기 위해서는 내면의 소리를 듣고 결단해야 한다. 정체성과 성장을 다룬 영화들은 '비본래적 삶에의 적용과 거기서 오는 주인공의 고통'을 말해주다가 극적인 사건을 제시하면서 '본래적인 자기 목소리 듣기'를 시작하고 새로운 삶을 쟁취하는 서사 문법을 보여준다.

다스만의 탈주의 열쇠,
죽음에로 미리 달려감

현존재의 근원적 불안에 대응하는 다스만의 방식으로 불안을 근본적으로 제거할 수 있을까? 대답은 간단하다. 그럴 수 없다. 다스만의 방식은 일시적인 망각술에 지나지 않는다. 다스만의 생활에 지친 사람들의 회심도 근본적인 출발점이 되기에는 한계가 있다. 왜냐하면 그 동인이 내적이지 않고 일상적 삶의 피로감의 누적이라는 외적 요인에 기인하기 때문이다. 그렇다면 하이데거는 어떤 처방을 우리에게 제시하고 있을까? 그리고 그 처방이 정말 우리 현존재를 실존에 이르게 할 수 있을까?

좀 의아하게 들릴지 모르나 하이데거의 처방은 '죽음에의 선구(Vorlaufen zum Tode)', '죽음에로 앞당겨 달려감'이다. 이게 무슨 소린가? 환생, 영원한 삶은 인류의 오랜 꿈이지 않은가. 죽음의 공포가 종교를 낳고 의학과 대체의학의 발전을 가져오지 않았는가. 게놈 프로젝트는 죽음을 이겨내려는 전 인류적 차원의 거대한 계획이 아니었나. 누구나 죽음을 두려워하는데 죽음의 선취라니? 그렇다. 인간은 누구나 죽음을 두려워하고 피하고 싶어 한다. 하이데거 자신도 예외는 아니다. 자발적 안락사나 순교자, 목숨을 던지는 전

Camille Monet On Her Deathbed, 1879, Claude Monet

쟁영웅이 아닌 이상 그의 말처럼 인간은 '죽음 앞에서 도피(Flucht vor Tode)'한다. 개별자로서 자기의 죽음 앞에서 도피하는 것이다.

그런가 하면 죽음은 사회적으로 관리된다는 의미에서 공적인 것이다. 국가로부터 공인된 자격을 취득한 의사가 사망을 확인하면 장례의식과 절차에 따라 죽음이 사건으로서 처리된다. 묘지만이 아니라 안락사, 고독사, 자살도 사회 기관에 의해 관리되고 통제된다.

공적으로 관리되는 죽음은 나의 죽음이 아니고 친인척의 죽음이 아니다. 공적인 사건으로서 죽음이나 타자의 죽음에 우리는 무감각하다. 사람들은 그러한 죽음 앞에서 도피하지 않는다. 부모나 아내, 남편, 자식의 죽음은 깊은 상실감을 가져오지만 역시 머물렀다 스르르 사라지는 한기와 같다.

왜 하이데거는 죽음에로 미리 앞서 달려가 보라고 말하는 것일까. 내가 죽음 앞에 서 있다고 상상해보자. 10년 혹은 20년 후 나의 죽음이라는 사건을 생각해보자. 나는 어떤 모습으로, 어떤 삶의 흔적을 남긴 채, 어떤 죽음으로 타자에게 받아들여질 것인가? 죽음의 순간에 내가 현재 가장 중요하게 생각했고 생의 에너지를 다 쏟아부었던 일들에 대해 어떤 생각을 하게 될까?

죽음에로의 선구란 미래 시간의 사건으로서 나의 죽음을 미리 앞당겨 생각해보는 것이다. 그러면 어떤 일이 벌어지는가. 나의 미래의 죽음 사건이 현존재인 나의 세계와 존재를 새롭게 바라보는 계기를 제공해준다. 하이데거는 미래의 죽음 사건이 '지금, 여기'의 존재로서 현존재의 시간과 존재의 의미를 재구성하도록 촉발시킨다는 점에서, 죽음에의 선구가 본래적 자기에로의 결단을 실행하게 만든다는 점에서, 죽음에의 선구를 실존의 열쇠로 보았다.

하이데거가 말하는 죽음에의 선구는 본래적인 자기 자신으로 살아가기 위해 스스로 미리 자기 죽음과 직면해보는 중요한 실존의 사건이다. 자기 삶을 새롭게 조명하고 재규정하는 위와 같은 실존적 사건을 내적으로 감행할 때, 지금과 다른 삶의 여정이 시작된다. 이제 던져진 존재에서 스스로 자신을 던지는 존재가 되는 것이다. 자기 삶의 온전한 기획자, 디자이너가 탄생하는 것이다.

Ⅲ부

치열했고
부서졌고
사랑했고
찬란했던

Chapter 07

밤새워 싸우는 시간

제임스 조이스
James Joyce
1882 ~ 1941

누구에게나 자신의 삶을 지배하는 키워드가 있다. 제임스 조이스에겐 아버지의 가부장적 권위와 어머니로 대변되는 가톨릭의 힘, 아내 노라, 딸 루시아, 가난, 더블린, 그리고 문학이 그것이었다. 조이스의 인생과 작품에서 이 키워드들은 다양한 방식으로 상호 침투하고 표출된다.

조이스는 가난한 아버지와 가톨릭 신앙심이 남달리 강했던 어머니 사이의 10남매 중 맏이로 더블린의 교외에서 태어났다. 아버지는 여러 직업을 전전하고 사업도 했지만 성공의 과실을 맛본 적 없는 인물이다. 하지만 그의 아버지는 조이스에게 권위 그 자체였고 그에게 범접을 허락하지 않았다. 조이스와 아버지 관계는 카프카와 그의 아버지 관계와 다른 구석이 없다. 조이스의 어머니는 가톨릭의 경건함과 신중함으로 집 안을 가꾸었다. 그의 집은 늘 엄숙한 분위기가 지배했고 그런 성장 환경을 반영하듯 예수회가 운영하는 기숙학교와 중고등학교에서 공부를 한 것은 그에게 선택의 여지가 없는 결정이었다.

그의 가난의 이력은 그의 생애에서 떨쳐낼 수 없는 그림자와 같은 것이었다. 조이스는 아버지의 사업 실패로 여러 번 전학을 다녀야 했고, 의과대학을 다니다가 학비 문제로 중단해야만 했다. 그가 파리에 체류하던 때에는 이틀간 먹을 것이 없어 굶었다는 편지를 쓸 만큼 생활이 말이 아니었다. 그 시절 그는 하루 종일 일하거나, 쉬거나, 글을 쓰거나 하는 등 불규칙한 생활의 연속이었고 집세를 못 내 쫓겨나기도 했다.

작가가 아닌 한 사람으로서 조이스는 많은 사람에게 썩 좋은 평가를 받지 못할 수도 있는 행적을 남겼다. 그는 낭비벽이 심했고, 알코올 중독자처럼 음주를 멈추지 않았다. 자유분방한 그는 어려서부터 사창가를 드나들었고, 죽을 때까지 성적 쾌락을 탐닉했다. 성병도 다반사였다. 훗날 아내가 된 노라 바너클(Nora Barnacle)에게 쓴 편지 속 항문 성교 등에 대한 적나라한 표현은 사드(Marquis de Sade)를 떠오르게 할 만하다. 이렇듯 그의 청춘 시절은 가난, 문학, 술, 여자와 호흡하는 삶이었다. 그때의 경험이 과연 그의 문학

에 어떤 영향을 미쳤을지는 의견이 분분할 수 있지만 그의
생과 실존적 사유를 읽어가면서 한번 쯤 생각해볼 문제이
지 않을까 싶다.

'가족'이라는
억압 체제

《젊은 예술가의 초상(A Portrait of the Artist as a Young Man)》
은 주인공 스티븐 더글러스가 작가 의식을 지닌 진정한 예
술가로 성장하는 과정을 다루고 있다. 이 작품은 스티븐 더
글러스가 가족, 종교, 민족의 속박에서 벗어나 어떻게 독립
적인 실존의 삶을 구축해가는가를 '진정한 예술가 되기'라
는 거울을 통해 보여준다. 이런 점에서 이 작품은 자전적이
며 동시에 실존주의적 냄새가 물씬 풍기는 소설이다. 그럼
스티븐의 삶으로 들어가보자.

가부장적 문화에서 나고 자란 사람들에게 아버지란 이름
은 대체로 이중적인 이미지로 다가온다. 권위와 책임의 이
미지가 그것이다. 권위는 자식들에게 억압으로 체험되며,
책임은 가부장적 문화를 전수받은 세대가 아버지가 되었을
때의 표상으로 작용한다. 《젊은 예술가의 초상》에서 스티
븐이 아버지에게 갖는 정서는 권위와 억압에 더 가깝다. 스

티븐에게 가정은 곧 아버지의 권위로 대변되며, 아버지는 벗어나야 하지만 쉽게 벗어날 수 없는 삶의 무게와 같은 것이다.

학예회 때 아버지가 왔다는 친구들의 말을 듣고 얼굴에 웃음이 사라지고 마음의 평정을 잃은 스티븐의 모습이 그와 그의 아버지 관계를 상징적으로 보여준다. 예술가의 실존적 의식을 획득하기 전까지 스티븐에게 아버지는 '예쁜 사내아기를 만난 암소 한 마리'로, 영혼과 생활의 모든 것을 지배하는 민족의 발명품인 가톨릭 종교로, 민족주의의 이념으로 무장된 조국 아일랜드와 같은 강력한 존재로 그려진다.

조이스에게 아버지는 '억압'과 저항할 수 없는 '권위'의 상징인 동시에 극복되어야 할 그 무엇을 의미한다. 극복의 대상이 이토록 명확하다는 것은 인생에서 큰 행운이라고 볼 수 있지만, 아버지의 세계를 넘어서는 경우가 의외로 많지 않다.

스티븐의 아버지는 조이스의 아버지와 많이 닮아 있다. 스티븐의 아버지는 그에게 신사가 되고 건강한 아일랜드인이 되라고 교육하지만, 거듭 사업에 실패하고 부양 능력이 없는 무능한 사람이자 술에 취하고 방탕한 생활에 빠져 있는 인물이다. 아버지에 대한 부정의 마음을 한구석에 품고 있던 스티븐은 아버지가 술집 작부들과 질펀한 농을 주고받으며 추파를 던지는 장면을 목격하고, 그것은 아버지에 대한 부정 감정의 고착과 관계 단절의 단서로 작용한다.

아버지와의 단색의 관계와 달리 스티븐과 그의 어머니와의 관계는 전형적인 애착 관계를 보여준다. 스티븐이 아일린과 결혼하려 할 때 그의 어머니는 종교적인 이유로 결혼을 허락하지 않는다. 그의 어머니 머릿속에 비가톨릭인과 결혼은 상상할 수 없는 일이었으니 갈등은 불가피한 것이다. 가톨릭적 삶을 강권하는 어머니와 스티븐의 갈등은 결국 심리적 단절을 낳게 된다. 스티븐에게 어머니는 자유를 가로막는 종교적이며 도덕적인 권위의 다른 이름이며 아버지 관계와 다른 성격의 극복해야 할 대상인 것이다.

크리스마스 만찬에서 벌어진 정치와 종교에 관한 가족 간의 대화는 스티븐에게 아일랜드의 축소판인 가족으로부터의 탈출과 자기 소외를 동시에 경험하게 한 특별한 사건이다. 아버지의 권위와 어머니의 종교에 갇힌 스티븐이 가족으로부터의 정신적 독립과 현실적 탈출을 꿈꾸는 것은 지극히 자연스러운 것이 아닐까.

선천적으로 몸이 약하고 소심한 스티븐이 경험한 억압적 분위기는 그를 더 내성적인 사람으로 만들었고, 이는 예술과 그를 연결하는 촉매가 되었다. 자유로운 영혼으로서 예술가가 된다는 것은 스티븐에게 '실존하기'와 같은 것이며 그러한 '실존'의 가능성은 아버지의 권위와 어머니의 종교로부터의 해방에 달려 있으며 그 해방의 성취는 타자 관계, 세계 관계에서의 실존을 수반하는 것이기도 하다.

저항을
시작하다

조이스는 스티븐의 자의식이 일찌감치 자라고 있음을 묘사한다. 스티븐은 자신의 친구들이 이상하게 보였다. 그의 친구들은 학교 생활에 너무 잘 적응했고 충실하고자 했기 때문에 그에겐 특별한 존재가 아닌 아주 이상한 존재로 비춰진다. 스티븐은 놀이니 공부니 기도니 하는 것들이 어서 끝나길 바라는 아이, 어서 잠자리에 드는 것을 소망하는 소년이다. 그에게 잠자리가 무엇을 의미하는지 쉽게 짐작할 것이다.

교사와 학생의 행동들의 무의미성과 흥미 없는 과제와 학교 생활에 대한 스티븐의 의문은 '나는 누구인가' 하는 의식으로 서서히 성장하게 된다. '지리 교과서'로 대변되는 학생의 의무, 사회 가치를 습득하는 규범의 체화, 세계에 관한 정보의 습득에 거리를 두면서 그는 계속해서 '나는 누구인가'라는 질문을 던진다. "스티븐 디덜러스, 기초반, 클롱고 우스 우드 학교, 샐린스 마을, 킬데어 군, 아일랜드, 유럽, 세계, 우주" 등의 사실이 그 자신을 설명할 수 있는지에 대해 그는 회의한다.

스티븐이 최초로 자신을 의식하는 것, 곧 자아의 개념을 확고히 하는 사건이 발생한다. 스티븐은 안경이 깨져 수업을 제대로 받을 수 없게 되었고, 담임으로부터 수업에 쉬어도 좋다는 허락을 받는다. 그런데 수업을 참관하던 돌란 신부는 불성실한 학생이라는 명목으로 스티븐을 체벌하고, 부당한 체벌에 대한 반발로 그는 교장을 찾아간다.

그러나 교장은 스티븐을 못마땅한 표정으로 노려보았고 '이름이 무엇이냐?'라며 두 번이나 묻는다. 여기서 이름은 스티븐의 존재와 동일한 의미를 갖는다. 스티븐은 자신의 말에 귀 기울이지 않거나 자신을 조롱하는 것이 아닐까 하는 생각을 한다. 그는 이것을 이름으로 대변되는 자기 존재에 대한 총체적 부정으로 받아들인다.

부당한 처벌에 대한 저항으로 촉발한 이 사건은 한 개체의 부정에 대한 자아의 저항이라는 점에서 스티븐이라는 자아의 탄생을 연 사건이라 할 수 있다. 그러나 이것은 아직까지 가능성으로서 실존일 뿐이다. 그의 실존은 종교와 민족이라는 또 다른 벽을 넘어 하나의 예술 정신이 되는 지난한 여정을 남겨두고 있다.

실존을 위한 싸움과
근본적인 위기감

학교와 기숙사라는 좁은 공간에서 스티븐은 기도, 채플, 교단, 신부들 그리고 '교장 선생님 만세!' 속에 갇혀 있다. 그를 둘러싼 세계는 고지식한 가톨릭 신자들만이 존재하며, 아일랜드의 주교나 신부가 하는 말에 절대 복종하고 언제든지 신앙을 위해서라면 목숨을 내놓을 준비가 되어 있는 사람들뿐이다.

종교는 정치, 경제, 문화의 블랙홀이자 아일랜드 사람들을 지배하는 '거대한 용'과 같은 존재였다. "일요일은 성 삼위일체의 신비에 바쳐졌고, 월요일은 성령에, 화요일은 수호천사에, 수요일은 성 요셉에게, 목요일은 제단의 거룩한 성채에, 금요일은 수난의 예수께, 토요일은 성모 마리아에게" 영혼을 의탁하는 종교 사회가 스티븐이 숨 쉬고 살아가는 사회다.

어린 소년 스티븐은 영혼과 생활을 지배하는 종교에 대한 회의를 품지만 쉽게 저항하지 못한다. 그는 '가장 위대한 시인이 누구인가'에 대한 친구들과의 대화에서 바이런을 들었지만, 이단적이고 부도덕한 인물에 불과하다는 친구들의 주장과 위협에 굴복하고 만다. 작문 교사와의 대화 장면에서도 아일랜드 민족의 종교가 된 가톨릭의 엄격주의에 불만을 드러내지만 그는 선생의 반박에 끝내 머뭇거리고 만다. 스티븐은 가톨릭 신자들에게 차갑고 경멸적인 시선을 보내지만 그 역시 예배를 보는 그들과 같이 있다. 심지어 그는 아놀 신부의 죽음과 심판 그리고 지옥에 대한 설교를 들으며 공포에 휩싸였고 자기 영혼의 불경함을 느낀다.

당대의 정신과 생활을 지배하는 종교에 대한 저항심이 피어나지만, 여전히 불만이나 소극적 저항 차원에 머무르는 것은 존재를 위협하는 근본적인 위기감 때문이다. 이렇듯 부정하지만 전복할 수 없고 그 체제 속에 있어야만 할 때, 우리는 '무의식적, 또 의식적인 자기검열'을 하게 된다.

우리 주위의 누군가는 앞서 스티븐이 작성한 '자의식 판독표'라 할 만한 문구들을 지나 스티븐이 건너는 실존의 강과 같은 위치에 있을 것이다. '저항의 의지와 머뭇거림'이라는 실존의 좌표는 정확히 강 한가운데이지 않을까. 하지만 스티븐은 전투적인 자세로 강을 건너려 한다. 박쥐 같은 영혼을 경멸하면서.

박쥐 같은
영혼의 유혹

스티븐의 민족주의에 대한 회의와 결별은 조이스 당대에 아일랜드에서 한창 일어난 문예부흥운동에 대한 거리 두기와 비판을 고스란히 반영하고 있다. 이 운동은 신 페인(Sin Feinn)의 주도하에 이루어졌는데 아일랜드 고유어인 게일어(Gaeilge)와 켈트 문화의 부흥이 목적이었다. 1800년 영국과 합병 후 일어난 민족문화운동에 대한 스티븐의 입장을 반민족주의적이라거나 낭만적 예술지상주의에 빠졌다고 쉽게 비판하기 전에, 왜 그가 그러한 입장에 서게 되었는지를 고려해야 한다.

먼저 스티븐과 친구 데이빈의 대화를 살펴보자. 데이빈은 민족주의자의 목소리를 대변한다. 그는 아일랜드 말과 신화를 배웠고 영국의 모든 것을 배격하는 인물이다. 스티븐은 데이빈의 그러한 태도를 '맹목적 반발'로 여긴다. 스티븐은 오히려 민족해방운동의 기수였던 파넬을 영국에 팔아넘기고 정치적 실각을 하게 만든 자들이야말로 민족의 배반자라고 생각한다.

스티븐은 민족의 배반자를 데이빈이 시민대회에 참여한 후 클레인이란 마을을 지날 때 만난 농촌의 여자로 상정한다. 물 한 잔을 얻어먹고자 문을 두드린 데이빈에게 마을의 여성은 우유를 내밀며 그를 유혹한다. 스티븐은 그 여인을 떠올리며 아일랜드인도 그 여인과 같이 영국에 억압을 받으면서도 그 억압에 저항하지 못하고 오히려 유혹하는 값싼 영혼이 되어버렸다고 생각한다. 스티븐은 그 여인과 같은 아일랜드인의 영혼을 '박쥐 같은 영혼'이라고 일갈한다.

나는 그물을 빠져
도망칠 거야!

스티븐의 박쥐 같은 영혼에 대한 냉소에는 예술에 대한 열정과 민족주의적 억압 이데올로기로부터 실존적 자유를 추구하려는 태도가 섞여 있다. 그는 배반의 속성을 영혼 한쪽에 지닌 채 민족주의를 부르짖는 아일랜드 정신이야말로 예술 정신, 곧 상상력에 가득 찬 자유 정신을 가둔다고 생각했으며, 데이빈에게 자신의 입장을 명료하게 표현한다.

이 나라에서 한 사람의 영혼이 탄생할 때 그물이 그것을 뒤집어 씌워 날지 못하게 한다고. 너는 나에게 국적이니 국어니 종교니 말하지만 나는 그 그물을 빠져 도망치려고 노력할 거야.

스티븐 식의 도망은 도피가 아니다. 스티븐은 그 자신의 '영혼의 대장간'에서 민족의 양심을 버리기 위해 떠난다고 선언한다. 스티븐이 민족주의로부터 자유롭고자 한 것은 분명한 것이지만, 그의 떠남은 조국 아일랜드와의 완전한 결별을 의미하는 것은 아니다. 실제로 조이스의 많은 소설의 소재와 영감이 대부분 아일랜드에 뿌리를 두고 있다. 또한 그의 소설에서 아일랜드 시민들에 대한 근심 어린 염려가 드러나는 대목을 찾는 것은 어려운 일이 아니다.

나는 더 이상
두려워하지 않기로 했다

《젊은 예술가의 초상》에서 실존이란 무엇인가에 대한 그의 대답이 명시적으로 제시되고 있는 부분은 제5장이다. 스티븐이 친구 크랜리에게 들려주는 이야기는 실존주의 철학에서 말하는 실존의 의미를 문학의 언어로 다시 쓴 것과 다르지 않다.

너는 내게 무엇을 할 것이며 무엇을 하지 않을 것이냐만 물어봤어. 내가 무엇을 할 것이며 무엇을 하지 않을 것인지 말해주마. 내가 믿지 않게 된 것은 그것이 나의 가정이든 나의 조국이든 나의 교회든 결코 섬기지 않겠어. 그리고 나는 어떤 삶이나 예술 양식을 빌려 내 자신을 가능한 한 자유로이, 가능한 한 완전하게 표현하고자 노력할 것이며 내 자신을 방어하기 위해서는 내가 스스로에게 허용될 수 있는 무기인 침묵, 유배 및 간계를 이용하도록 하겠어.

스티븐의 말은 자유 예술가가 되려는 실존적 결단의 표현이다. 하이데거 식으로 표현하면 소위 실존을 위한 기투이다. 때론 우리도 어느 순간, 어떤 계기로 인해 스티븐과 같은 '대사'를 외우곤 한다. 하지만 그리 오래가지 못하고 그전의 우리로 되돌아가며 그 대사를 더 이상 소리 내어 말하지 않는다. 이러한 우리의 '도돌이표'를 단순히 관성의 힘이라고 말할 수 있을까. 우리와 달리 스티븐은 자신의 결단을 실행하기 위해서 무엇을 해야 하는지를 안다.

나는 외로이 지내는 것, 다른 사람에게 자리를 내어 주고 쫓겨나는 것, 그리고 내가 버려야 할 것이 있으면 무엇이나 버리는 것, 이런 것을 두려워하지 않는다. 그리고 나는 어떤 잘못을 저지르는 것을 두려워하지 않는다. 그것이 설사 큰 잘못이고 평생에 걸친 잘못, 어쩌면 영원히 계속될 잘못이라고 하더라도 나는 두려워하지 않는다.

그가 말하는 두려움은 구체적인 대상에 관한 두려움이 아니다. 우리는 종종 실패에 대한 막연한 두려움이나 미래의 기대가 충족될 수 있을지에 대한 불안에 붙잡혀 결정하고 행동한다. 두려워하지 않는다는 것은 용기를 갖고 스스로 사고하고 행동하는 것이다.

스티븐이 자신이 원하는 스티븐이 되려면 아일랜드인의 전형적인 삶의 모습인 "소음, 거친 목소리와 졸음에 겨운 기도소리"로부터, 다시 말해 상투적인 삶으로부터 탈주하며 거침없고 제한 없는 자유로운 상상력의 주인이 되어야 한다.

예술가 되기와
실존하기

이제 스티븐은 하나의 완전한 실존적 자아로서 예술가의 목소리를 내기 시작한다. 실존을 획득한 그는 예술가의 상상력 속에서 미적 이미지를 배태하고 그 이미지를 마치 선명한 비처럼 전일적으로 느낄 때 예술을 창조하는 마법과 같은 힘이 작동한다고 말한다.

예술가의 개성은 서술 그 자체 속에서 빠져들어 가고 마치 생

명력 있는 바닷물처럼 인물과 행동이 주위를 돌고 돌며 흐르게
되지.

종교의 목소리에 짓눌려 있던 소년 스티븐이 스스로 창조
의 신으로 등극하는 순간이다. 가족, 민족주의, 종교로부터
탈주해 '자유로운 상상력으로 생명을 만드는 예술가'의 상
상력은 우리가 나만의 고유한 삶을 만들고자 하는 자기 존
재의 미래적 구상과 다를 것이 없다.

지금 우리 존재의 구속과 한계를 넘어서려는 자유로운 상
상력은 우리의 삶을 만들어가는 원천이다. 스티븐에게 '예
술가 되기'와 '실존하기'는 동전의 양면과 같은 것이다. 실
존한다는 것은 자기 삶의 창조자, 곧 삶의 예술가가 되는
것이다. 하지만 이것처럼 어려운 일도 없다. 스티븐은 일기
에서 '무섭고 괴이한 짐승'과 동이 틀 때까지 밤을 새워 싸
우며, 괴물이 자신에게 굴복할 때까지 움켜잡고 싸우겠다
고 적고 있다. 스티븐은 그가 죽기 전까지 전투 일기를 쓰
는 전사의 이름이다. 어린 소년 스티븐이 무섭고 괴이한 동
물과 싸우는 전사가 된 것이다.

이 대목은 놀랍게도 니체를 떠올리게 만든다. 그는 "너는
마땅히 해야 한다"고 소리치는 거대한 용과 싸우면서 "나는
나의 뜻대로 한다"고 투쟁하는 사자를 예찬하지 않았던가.

Self Portrait with a Palette, 1879, Edouard Manet

조이스가 조이스가 되고, 두려움에 떨던 스티븐이 예술 정신 그 자체가 되었듯이 우리도 우리의 삶을 만드는 삶의 예술가, 진정한 실존의 작가로 살기 위해서는 밤새워 싸우는 시간이 필요하다. 그 싸움의 장소가 가정이든, 학교든, 직장이든, 사막이든, 돈이든, 수많은 주의들이든.

　조이스가 우리에게 말하고자 하는 바는 싸움이 끝나지 않고서 새벽은 오지 않는다는 사실이다. 실존은 새벽을 손쉽게 우리에게 데려다주지 않으며 종교적 언술처럼 때가 차매 역사가 거저 일어나는 것과 다른 그만의 문법을 가진 서사의 역사를 요구한다.

Chapter 08

로빈슨 크루소는 실존이라 말할 수 없다!

칼 야스퍼스

Karl Jaspers

1883 ~ 1969

야스퍼스는 루트비히 비트겐슈타인(Ludwig Wittgenstein), 버트런드 러셀(Bertrand Russell) 등과 같이 철학자 중에서 몇 안 되는 금수저 집안 출신이다. 그는 대를 이어온 은행가 집안에서 태어나 교양과 전통을 중시하는 분위기에서 성장했다. 하지만 그는 평범하고 안정적인 삶만을 추구하지는 않았다. 한때 판사였던 아버지의 권유로 법학을 공부해 법률가의 길을 가려 했지만 이내 그 길이 자신에게 맞지 않는 옷임을 일찌감치 깨달았다.

그는 자신에게 잘 맞다고 생각한 정신 병리를 다루는 의사의 길을 걸었다. 10여 년을 의사로 살아가던 야스퍼스는 정신 병리학에서 철학으로 다시 한번 생의 결단을 내린다. 인간 정신의 문제를 약물에 의존해 풀어 나가는 정신 병리학의 한계를 임상 경험을 통해 거듭 확인하면서 그의 눈과 마음은 인간 그 자체로 향하게 되었다. '인간이란 무엇인가' 라는 근본 화두가 비로소 그의 삶의 화두가 되었으며 그 대답을 찾아가는 통로가 철학이었다.

철학의 길로 들어섰지만 그는 철학에 있어서 아마추어였다. 전문 철학자 집단에서 주변부 인물, 아니 아직 학계에서 제대로 인정받지 못한 사람이었다. 그도 그럴 것이 그의 박사 논문 〈향수병과 병리〉와 교수 자격 저서 《일반정신병리학》은 모두 정통 철학의 주제가 아니었다. 그는 철학과에서 일자리를 얻기를 원했지만 어려웠다. 어렵사리 자리를 얻어도 사회심리학, 민족심리학, 종교심리학 등 철학의 변방인 심리학 관련 강의뿐이었다. 분과주의의 벽은 그만큼 높았다.

학계의 아웃사이더에서 주역으로 떠오르는 데, 즉 우리가 지금 알고 있는 철학자 야스퍼스가 되는 데는 많은 시간이 필요했다. 그는 실업학교를 졸업하고 대학에서 기계공학을 전공하다 철학으로 전향해 현대철학의 새로운 주역이 되었던 비트겐슈타인보다 더 오랜 인고의 시간을 견디어 내었다. 이 시간의 길이는 전통 철학의 주제와 문제를 붙잡고 씨름하며 새로운 철학적 관점을 만드는가, 아니면 그것을 완전히 버리고 새 터에서 자신의 색깔을 입힌 매우 특이하게 설계된, 이전에 일찍이 없던 철학의 집을 짓느냐의 차이에서 비롯되었다. 철학이라는 구조물을 개축하느냐 신축하느냐의 차이랄까.

현존재,
가능적 실존, 실존

철학의 문제는 '인간이란 무엇인가'에 대한 물음으로 수렴된다고 말했던 이는 칸트였으며 그의 주장에 이의를 제기하는 이는 없다. 야스퍼스는 이 문제에 대한 자신의 대답을 찾기 위해 '실존이란 무엇인가'로 질문 자체를 변형시켰다. 그는 '실존이 무엇인가'를 규명하기 위해 현존재, 가능적 실존, 실존이라는 개념을 만들어냈다. 인간은 세계라는 곳에 '거기 있음(Dasein)'의 존재이다. 이를 그는 '현존재'라 칭한다. 현존재는 일차적으로 사물, 동식물 등 물리적 세계에 존재하는 모든 것을 의미한다. 이차적 의미는 신체성, 정신, 의식의 존재로서 인간을 말한다.

정신적 존재인 현존재로서 인간은 자신을 둘러싼 세계를 이해하려 한다. 이 이해의 노력은 아리스토텔레스가 말하듯이 세계에 대한 경이와 지적 욕구가 원인일 수도 있고 아니면 인간 존재의 근원적인 자기 보존 원리의 작동일수도 있다. 야스퍼스가 강조하고 싶은 것은 이해의 시도와 원인이 아니라 세계에 대한 '인식'의 근본적인 한계이다.

아인슈타인과 스티븐 호킹을 비롯한 현대 천체물리학자들이 밝혀낸 우주의 비밀은 그야말로 빙산의 일각이다. 과학이 우주에서 인간의 존재론적 위상에 여전히 대답을 찾지 못했다는 이야기다. 게놈 프로젝트나 뇌과학, 인공지능의 발전이 인간이란 무엇인가에 대한 해답을 주지 못한다는 것을 부정하기 어렵다. 인식의 가능 근거에 대한 경험론과 현대경험론, 칸트와 그의 후계자들의 인식 이론의 성과에도 불구하고 인간 일반의 인식의 한계는 여전히 현재의 문제이며, 개별성으로서 개인 각자는 자신의 생애 전반에서 그것을 체험한다.

한편 욕망하는 존재로서 현존재는 끊임없이 욕망을 생산하고 재생산하며 이를 통해 자신을 실현하고자 하지만 이내 한계에 부딪친다. 현존재인 우리는 생의 특정 시점에서 "욕망은 죽음과 함께 비로소 사라진다"는 프로이트의 테제를 수긍하게 된다. 야스퍼스는 인식의 측면이나 존재의 측면에서 한계에 봉착하는 현존재의 근본적인 사실성을 간파했다.

이 사태와 관련해 야스퍼스가 발견한 것은 현존재가 단순히 그러한 상태로 존재하기를 원하지 않는다는 것과 바로 그 지점이 현존재에서 '실존'으로 넘어가는 단서이자 동시에 가능적 실존이라는 점이다. 인간은 현존재이면서 동시에 '가능적 존재'인 것이다. 쉽게 예상하듯이 가능적 실존이라고 해서 누구나 실존의 상태에 이를 수 있는 것이 아니다. 권위에 의존해 사는 사람, 독립적으로 판단하지 못하는 사람, 평판과 명예 혹은 지위나 인기를 획득하기 위한 인정투쟁에 생의 에너지를 다 쏟아붓는 사람은 실존에 이르지 못한다.

현존재에서 실존으로 나아가는 길은 '선택'과 '결단'을 전제한다. 선택과 결단이란 '본래적인 자기 존재'가 되려는 것이며, 그 속에 실존의 가능성이 이미 내재한다. 존재에의 용기가 선택과 결단을 낳는 것이며 내적 자발성에 기초한 요청인 셈이다.

그렇다면 언제 인간은 선택과 결단을 하는가? 일상이 선택과 결단의 연속이지 않냐고 묻는다면 야스퍼스는 '아니다'라고 답한다. 선택과 결단은 운명을 거는 '한계상황'의 순간에 이루어진다.

어느 날
문득

현존재는 끊임없는 상황의 연속에 놓여 있다. 이런 의미
에서 인간을 '상황 내 존재'라고 규정하는 야스퍼스의 말에
동의할 수 있다. 그런데 상황은 애초에 임의적이며 예측할
수 없고 계산되지도 않는다. 상황의 관리, 통제, 돌파는 임
의성이 발생한 이후의 문제이다. 김언희는 삶이 임의성의
연속임을 시 〈검은 택시〉에서 직관적으로 파악한다.

어느 날 문득 어금니가 빠지고 어느 날 문득 한입 문 면발이 끊
어지지 않는다. 어느 날 문득 쏟아질 듯 물컹한 소포가 당도하
고 어느 날 문득 이불 속에서 당신을 움켜지고 있는 과도 칼끝
이 구부러진 과도 어느 날 문 득 방바닥이 온통 껌으로 도배되
고 어느 날 문득 발신 없는 메시지를 받는다. 개잡년 각오해라
어느 날 문득 자물쇠는 부러진 열쇠를 삼킨 채 영영 입을 다물
고 어느 날 문득 승강기는 한 번도 내려본 적이 없는 곳에 당신
을 내려놓는다. 어느 날 문득 점멸등은 당신이 있건 없건 꺼져
버리고 부른 사람이 없는 택시 아무도 부르지 않는 검은 택시
가 골목 앞을 떠나지 않는다.

'어느 날 문득'은 삶의 과정에서 그야말로 문득 발생하며 나의 의지와 관계없이 주어지는 상황이다. 그것은 검은 택시처럼 생의 마지막 순간까지 우리네 인생의 한 요소로 작용한다. 주어진 상황에 응하기도 하며, 상황을 잘못 파악하기도 하고, 자신을 위해 상황을 연출하고 만들어가기도 한다. 상황 내 존재로서 인간의 상황에 대한 대응은 곧 현존재인 인간의 실존 방식을 결정한다.

문제는 상황 일반이 아니고 한계상황(Grenzsituation)이다. 이는 개인적 역량의 한계나 거대한 자연재해 앞에서 인간의 무력감을 의미하는 것이 아니다. 야스퍼스는 한계상황을 '인간이 무엇을 하든 결코 변화시킬 수 없는 실존적 상황'으로 정의한다. 예를 들어, 정신적 고통이나 육체적 고통에서 자유로운 사람은 아무도 없다. 피할 수 없는 고통의 자명성에 대한 자각이 있을 때 현존재는 실존으로 나아갈 수 있다.

현존재는 '투쟁'이라는 한계 상황을 피할 수 없다. 학생이든 주부든 직장인이든 정치인이든 사회적 생존을 위한 투쟁에서 자유로운 사람은 아무도 없다. 심지어 자발적 고립도 스스로 선택한 사회적 생존 방식이다. 갈등 회피자들은 사회적 투쟁이 상존한다는 것을 역설적으로 반증하는 사람들이기도 하다. 이와 더불어 인간은 '실존 간의 투쟁'도 피

할 수 없다. 야스퍼스는 타자에 의해 긍정되고 인정받고자
하는 것과 관련된 모든 활동을 실존 간의 투쟁 혹은 '사랑
의 투쟁'이라 이름 붙였다.

또 하나의 한계 상황으로 야스퍼스는 '죄책감'을 제시한
다. 죄책감이란 나로 인해 유발된 타자의 고통에 대한 감수
성을 말한다. 실존을 위해 투쟁하다 보면 의식하든 의식하
지 못하든 이용, 배신, 착취, 정당하지 못한 수단이 동원되
기도 한다. 죄책감을 느끼지 못하는 존재는 결코 실존에 이
를 수 없다는 주장이다.

한계상황 중의 한계상황이 바로 죽음이다. 죽음이라는
단어 앞에서 영혼의 리듬이 멈추지 않는 존재가 어디 있겠
는가.

실존적 불안
– 파국과 초월

한계상황은 피할 수 없는 불안, 실존적 불안을 낳는다.
안타깝게도 한계상황에서 대부분의 인간은 무기력하다. 혹
자는 눈물로 밤을 새우고 혹자는 말 자체를 잃어버릴 정도
로 좌절한다. 또 혹자는 과거의 화려한 시절을 회상하며 퇴
행을 감행한다. 이것이 한계상황에서 우리가 흔히 보는 실

존적 불안의 구체적 양상이다.

야스퍼스는 원초적인 한계상황에 봉착한 인간이 취할 수 있는 선택지를 크게 두 가지 정도로 꼽았다. 첫째는 한계상황에서 완전히 벗어날 수 있는 선택지, 죽음이다. 자살을 명예로운 것으로 생각한 고대 그리스인은 한계상황에서 기꺼이 죽음을 선택했다. 둘째 선택지는 초월자이다. 초월자는 신이며 유한자가 생각하는 무한자이다. 초월로서의 신은 '은폐'되어 있으며, '암호'라는 상징으로 존재한다. 여기서 암호로서 신은 인간 세계의 저 너머의 존재하는 것이 아니라, 현존재인 인간의 한계 의식과 직접적으로 관계한다는 의미이다. 실존한다는 것은 키에르케고르처럼 단독자로서 신과 만나고 신에 의탁하는 것이 아니라, 인간이 초월자의 암호를 해독해야 할 그 무엇이 되는 것이다. 결국 야스퍼스가 하고 싶은 말은 인간이 한계상황에서 파국(죽음)과 초월을 경험하게 된다는 것이다.

자기 목소리 듣기와
비약

한계상황에 끌려갈 것인가, 아니면 극복을 시도할 것인가가 핵심 쟁점이다. 야스퍼스가 보여주고 싶은 것은 후자이다. 그의 방법론을 검토하기 전에 독자 자신의 방법을 생각해볼 필요가 있다.

그는 파국과 초월의 두 계기를 함축하는 한계상황에서 인간은 현존재의 유한성을 깊이 목도하면서 자기 내면에서 들려오는 어떤 목소리를 듣게 된다고 생각했다. 그 목소리는 다름 아닌 자기 자신이 되는 것(selbstwerden), 자기 자신으로 영원히 존재해야 한다는 목소리이다. 야스퍼스는 그 목소리를 '본래적인 양심의 소리'라고 말한다. 양심은 도덕적 개념이 아니라 자기 자신이다. 양심의 목소리를 듣고 자기 자신이 되려고 선택하고 결정하는 것이 바로 실존이다. 이 선택과 결정이 곧 실존으로서의 '자유'이다.

따라서 실존이란 곧 자유, 즉 자기 자신이 되려는 자유의 과정이자 운동이다. 또 그는 현존재가 자기 자신이 되려는 과정과 운동을 '실존의 역사성'이라고 불렀다. 우리가 만들어가는 우리 자신의 길이 실존의 역사성인 것이다. 자신의 역사를 쓰고 만들어가는 사람은 이미 자유이고 실존이며 그 자신이 역사인 것이다.

실존적 자유의 획득은 짐작하듯 시작일 뿐이다. 문제는 그다음이다. 야스퍼스는 자기 목소리를 듣는, 즉 실존에 이르는 단계를 편의상 거리두기 단계, 자기의식 단계, 실존의 파악 단계로 구분하며 각 단계로의 이행을 '비약'으로 간주한다. 거리두기는 자신과 거리를 둠으로써 자신의 현존재를 이해하는 단계로, 실존을 위한 자기 성찰로의 진입을 의미한다. 낭만적 자기애나 이기적 자기애가 강한 사람은 이 단계로 진입하지 못하며 대개는 '작은 마키아벨리스트'가 된다.

자기의식 단계는 자기 자신과 거리를 둔 현존재가 자신의 고유성과 한계를 파악하는 여정이다. 참 지난한 단계이다. 거대한 용과 싸우는 전투력과 자기 계몽이라는 내적 무기가 있어야 성취될 수 있다. 세 번째 단계는 첫 번째와 두 번째의 결과로서 실존을 파악하고 본래적인 자기 되기가 된 단계이다.

하지만 자기 되기에 이르렀다고 해서 실존이 완성되는 것은 아니다. 야스퍼스는 홀로 독야청청(獨也靑靑)하는 들판의 소나무 같은 존재나, 고귀하지만 고독한 니체의 위버멘쉬 혹은 자족적인 섬 같은 존재를 실존의 완성으로 보지 않는다. 로빈슨 크루소는 실존이라 말할 수 없다는 것이다. 진정한 완성을 말하기 위해 그는 '실존적 사귐'이라는 흥미로운 이야기보따리를 풀어놓는다.

실존적 관계
– '서로' 실존하기

한계상황을 인식하고 돌파하는 가장 적극적인 방식으로서 실존적 사귐 혹은 실존적 교류라니? 인적 네트워킹의 구축을 의미하는 걸까? 혹은 마음을 나누는 절친 만들기일까? 둘 다 아니다. 실존적 교류는 단순히 의사소통, 잡담, 쟁점이 있는 문제에 대한 이론적 관계 맺기, 에로스적 관계를 통한 행복감의 공유, 동류의식을 의미하지 않는다. '실존적 교류'란 다른 실존과의 사귐에 열려 있으면서 나의 실존과 다른 실존의 교류를 의미한다.

실존적 사귐 속에서 나는 나됨을 확인하고 그는 그됨을 확인하며, 완전히 '벗은 상태'로 만날 수 있다. 남자친구와 여자친구 사의의 정서적 의존 상태에서의 만남이나 부모와 자식 사이의 권위적 관계, 조직의 수직적 관계에서 실존적 교류는 일어나지 않는다. 실존적 교류는 서로 모든 것을 여는 용기와 서로의 실존적 문제를 고민하고 투쟁을 독려하면서 서로를 통해 각각의 실존의 가능성을 찾아가는 깊은 사귐이라고 할 수 있다. 드라마 〈미스터 션샤인〉에서 유진 초이–고애신, 구동매–고애신, 김희성–고애신의 관계에서 어떤 관계가 실존적 사귐에 가까울까? 단순한 애정 관계의

Conversation, 1879, Pierre–Auguste Renoir

성격 차이뿐일까.

실존적 사귐, 쉬운 것 같지만 쉽지 않다. 그렇다면 그것을 가능하게 하는 전제 조건은 무엇인가? 야스퍼스는 거울에 비친 자기보기를 권유한다. 나르시시즘적 자아를 탈각하고 거울 속 자신을 직시, 자기 자신을 제대로 알고 이해하라는 의미이다. 그다음으로 자신의 생각을 투명하게 보라고 권유한다. 내 머릿속의 자기 속임수, 기만 등을 인식해야 한다는 말이다. 야스퍼스는 그 이후에야 비로소 한 사람이 다른 사람과 실존적 관계를 맺을 수 있다고 강조했다. "복수의 시작인지, 시기의 끝자락인지"라는 유진초이의 대사는 애정에 기초한 실존적 사귐의 두 번째 전제 조건에 해당하지 않을까.

야스퍼스의 경우를 보자. 그는 철학적 인간학의 대가인 막스 셸러(Max Scheler)나 문화사회학의 창시자인 게오르그 짐멜(Georg Simmel)과 실존적 교류를 나누었다. 그가 평생 존경한 막스 베버(Max Weber)와의 관계 역시 비록 간접적이긴 하지만 실존적 사귐이라 할 수 있을 것이다. 또한 야스퍼스는 마르틴 하이데거(Martin Heidegger)와 종종 교류를 나누었고, 그를 집에 초대해 많은 대화를 나누기도 했다.

서로의 철학은 달랐지만, 개방적인 태도를 유지했고, 비교적 만족스러운 실존적 사귐을 나누었다. 적어도 나치의 등장 이전에 말이다. 하이데거는 나치의 봉사자로, 야스퍼스는 나치에 탄압받는 신세가 되어 그들의 관계는 침묵의 교류로 끝을 맺었다. 그의 입장에서 보면 하이데거는 나치의 등장과 함께 거울에 비친 자기 자신을 외면한 셈이다.

이제 나의 실존의 완성을 위해 누구와 실존적 사귐을 맺고 있는지 나 자신에게 물을 차례다. 야스퍼스가 제안한 실존적 사귐을 나의 관계에 비추어볼 일이다. 머릿속에 누군가가 떠오른다면 이미 훌륭한 삶을 살고 있는 것 아닐까? 때론 나 혼자 실존적 사귐에 들어가는 경우가 있다. 이런 사람들은 포장된 자기 진실성을 마지막 순간에 알아차리고 혼자 울고 만다. 실존적 사귐이란 자기 진실성이 있는 사람들의 사귐, 진정한 우정이라고 불리는 서로-사귐의 관계이다. 사르트르와 보부아르, 니체와 바그너, 맑스와 엥겔스, 나와 그의 관계는? 야스퍼스가 말하는 실존적 한계상황과 비약을 통과한 사람들만이 실존적 사귐을 할 수 있다는 것은 변함없는 진리이지 않을까.

나치 시대를 살아내야 했던
한 철학자의 실존적 결단

우리가 알듯이 야스퍼스는 나치 시대를 살았고, 그의 부

인은 유대인이었다. 1933년 나치의 등장 이후 제2차 세계
대전이 끝날 때까지 암울한 상황 속에서 그는 자기 방식의
실존적 결단을 감행해야 했다.

야스퍼스는 근근이 강의를 해오다 1937년 나치가 점령한
대학에서 완전히 추방된다. 그는 나치의 영향 밖에 있는 대
학으로부터의 초빙도 거절하였고, 두세 번의 이민 기회가
있었지만 그마저도 포기했다. 그의 제자이자 하이데거의
연인이었던 한나 아렌트가 이민을 권유했을 때도 그는 독
일을 떠나지 않겠다는 결단을 내렸다. 야스퍼스나 하이데
거에게 비판적이었던 비판이론가인 호르크하이머나 아도
르노가 미국에 짐을 푼 것과 사뭇 대조적이다. 남아 있었지
만 그는 하이데거처럼 나치에 부역하는 삶을 택하지도 않
았다.

그는 자신의 철학적 사유를 심화시키고, 조용히 집필 활
동에 전념했다. 지식인으로서 사회적 실천의 빈곤을 문제
삼을 수도 있겠지만, 그는 '철학자로서의 실존과 자유'를 선
택했다. 나치 시대를 살아내야 했던 철학자로서 야스퍼스
가 선택한 실존적 결단은 바로 '철학함'이었다. 전무후무한
나치즘의 광기가 낳은 시대적 고통이라는 한계상황, 그 고
통이라는 한계상황을 극복하려는 실존적 투쟁의 불가피성
으로서 '철학함'을 가능하게 한 것은 그의 '죄책감'이 아니었

을까? 시대의 아픔을 끌어안고 나누려는 죄책감이라는 한계상황이 그를 떠나지 않게 만들고 실존적 자유로서 떠나지 않은 나치 땅에서의 철학함으로 이끌었을 것이다.

그가 그토록 강조한 실존적 사귐을 성취하는 그만의 가장 중요한 방법은 죄책감이라는 한계상황에 대한 깊은 인식이었을 것이다. 사회적 한계상황에서 실존적 사귐을 말하는 사람들은 공감, 공존, 사회적 연대를 말하게 된다. 사회적 차원에서 실존적 사귐이 가능하려면 한계상황의 실존적 경험으로서 죄책감이 필요하다. 야스퍼스가 그러했던 것처럼.

Chapter 09

운명에 즐겁게 맞서는 법

소포클레스

Sophocles

BC 496 ~ BC 406

기원전 5세기 그리스의 비극 작가 소포클레스(Sophoklēs)는 당대의 최고 슈퍼스타였다. 그는 인간으로서 세상에서 누릴 수 있는 것을 다 누린 인물이다. 아테네 민주주의의 완성자인 페리클레스의 정치적 동료로서, 100여 편의 비극을 쓴 최고의 작가로서, 사교성과 절제미를 갖춘 멋진 사람으로서, 손꼽히는 재력가로서 그는 아테네 사회에서 존재감이 넘치는 인물이었다. 게다가 삶의 풍요를 더하는 하프 연주와 뛰어난 노래 솜씨로 인생을 즐길 줄 아는 사람이 그였다.

소포클레스의 《오이디푸스 왕》은 단순히 오이디푸스 가문의 운명(moirai)적인 비극을 다룬 작품이 아니다. 우리는 작품에서 오이디푸스의 삶에 대한 투쟁을 생생하게 목격할 수 있으며 그 삶의 실존적 의미를 탐색할 수 있다. 당대 그리스인들에게 '운명은 피할 수 없는 것'이라는 생각이 지배적이었다는 사실을 감안한다면 《오이디푸스 왕》은 실존 문학의 시원이라 할 만하다.

운명이여,
너는 어디로 가느냐!

비탄에 젖어 이렇게 읊조린 것은 비단 오이디푸스나 프로메테우스만이 아니다. 생의 에너지를 다 짜내어 노력했지만 무엇인가 거대한 힘을 감지하며 깊은 좌절감을 맞볼 때 우리는 그들처럼 비극적 운명을 향해 힘 없이 소리친다. '진정 이미 정해진 운명이 나에게 있단 말인가, 너는 나를 어디로 데려가려는가'라고.

운명이란 개별자이자 자유인이고자 하는 나의 생을 위한 투쟁과 그것의 실현 사이에서 나타나는 피할 수 없는 모순의 다른 이름이다. 내가 실존하는 데 아무 문제가 없다면 나는 운명을 생각하지 않았을 것이다. 십자가나 불상, 정한도령이나 장군보살도 낯선 이름에 불과했을 것이다. 소포클레스의 《오이디푸스 왕》은 운명의 여신들(moira)의 활동 아래 나의 운명을 바꿀 수 없다는 아테네인의 전통적인 운명관이 잘 드러난 작품이면서 동시에 오이디푸스의 자기 실존을 위한 투쟁이라는 강한 자의식의 불꽃을 우리에게 선보이는 독특한 작품이다.

작품 내용은 간단하다. 오이디푸스의 아버지인 테베의 왕 라이오스는 자신과 아내 왕비 이오카스테 사이에 태어난 아들의 손에 살해될 것이라는 신탁을 받는다. 이오카스테는 말한다.

왕과 저 사이에 태어난 아들의 손에 왕께서 살해당할 운명이라는 것입니다. (…) 그런데 소문으로는 그 분이 큰 삼거리 한복판에서 다른 나라 도둑들의 손에 살해당하셨다는 것입니다. 아들이 태어난 지 겨우 사흘밖에 안 되었을 때, 왕께서는 그 아들의 두 발꿈치를 뚫고 그것을 한데 엮어서 사람을 시켜 인적이 없는 산(키타이론) 속에 버렸습니다.

버려진 아이는 코린토스의 왕 폴리보스와 왕비 메르페의 손에 자라게 된다. 그리고 훗날 우연한 사건으로 아버지 라이오스를 살해하게 되고, 자신의 어머니와 결혼하게 된다. 그는 테베의 왕이 되었고 슬하에 자식들을 두었다. 오이디푸스는 테베에 번진 역병을 물리치기 위해 라이오스 왕의 살해범을 찾는다. 왜냐하면 "라이오스 왕의 살해자를 찾아내어 사형에 처하거나 나라 밖으로 추방하는 것이 재앙"을 면하는 유일한 길이라 생각했기 때문이다. 그는 백성들에게 라이오스 왕의 살해자를 찾아내 신고할 것을 명하며, 그에 대해 충분히 보상하겠노라 약속한다. 오이디푸스는 곧 자신이 살해자임을 알게 된다.

그는 "당신이 찾는 그 살인자가 바로 당신이랍니다"라는 말을 받아들일 수밖에 없었다. 그는 "칼을 달라. 아내이면서 아내가 아니고, 자기와 자기 애를 함께 낳은 사람이 어디 있느냐" 미친 듯 외칠 수밖에 없었다. 어머니이자 아내인 왕비는 목을 매달고, 그는 자신의 손으로 자신의 두 눈을 뽑아 장님으로 살아가게 된다. 오이디푸스 왕은 자신의 운명을 이렇게 한탄했다.

아, 슬프다. 재앙의 이 몸! 나는 어디로 가나? 내 목소리가 지향(방향) 없이 날아가나니! 아아, 내 운명이여. 너는 어디로 가느냐?

나는 어디로 가는지 전혀 모르고
내 길을 갔던 것이오!

이 비극이 어디서 어떻게 연유했는지 시간을 잠시 되돌려

보자. 오이디푸스는 델포이 신전에서 자신의 비극적 운명을 신탁으로 받는다. 라이오스의 아들로 태어나지 않았다면 받지 않았을 신탁. 그의 아들이 아니었다면 경험하지 않았을 비극. 오이디푸스의 삶은 우리에게 '삶 자체가 설명될 수 없는 어떤 덩어리이고 부조리'임을 말해준다.

이러한 원초적 부조리에 저항하기 위해 오이디푸스는 코린토스를 피해 정처 없이 길을 나섰던 것이다.

그건 내가 내 어머니와 결혼해서 차마 볼 수 없는 자손을 세상에 내놓고 나를 낳은 아버지를 죽일 운명이라는 것이었소. 그 말을 듣고 나는 코린토스를 피하여, 오직 별들만 의지해 그곳에 위치를 재며 내게 대한 그 비참한 신탁의 불길한 일이 이루어지지 않을 곳으로 달아났소.

오이디푸스는 고백한다. "나는 어디로 가는지 전혀 모르고 내 길을 갔던 것이오"라고.

이보다 더한
부조리는 없다!

신탁을 피해 정처 없이 길을 가던 오이디푸스 앞에 라이오스가 나타난다. 그들은 서로를 알지 못한다. 마주친 길 위에서 먼저 가려다가 부딪히고 그 사소한 시비가 살인을 부르게 된다. 오이디푸스는 마차를 모는 마부와 마차 안에 타고 있는 그의 아버지 라이오스를 살해한다.

그리고 얼마 지나지 않아 오이디푸스는 테베에 도착한 다. 그곳에는 수수께끼를 내고 풀지 못한 사람을 잡아먹는 스핑크스가 살고 있다. 스핑크스는 신탁을 실현하기 위한 일종의 장치, 사회적 조건이자 죽음을 상징한다. 여자의 머 리와 사자의 몸, 독수리의 날개, 뱀의 꼬리를 가지고 있는 스핑크스는 인간을 '인간'으로 존재하지 못하게 하는 위력 적인 힘을 가지고 있다. 그런 의미에서 테베의 사람이 스핑 크스를 만난다는 것은 죽음 혹은 죽음의 성찰을 암시한다. 스핑크스 앞에 선다는 것은 죽음의 공포와 맞서는 행위이 며, 그가 낸 수수께끼를 푼다는 것은 가능성으로서의 실존 이 현실화되는 것이다.

아버지와의 우연한 조우와 살해. 이 예측 불가능하고 돌 발적이며 즉흥적인 사건이 오이디푸스의 삶 전체를 결정한 다. 그리고 스핑크스의 수수께끼를 푼 대가로 주어지는 보 상이 삶의 파괴와도 같은, 자신의 어머니와의 결혼이라니. 그리고 그 뒤엔 자기 처벌로서 극단적 자해가 기다리고 있 다니. 이보다 더한 삶의 부조리는 없다. 어찌 보면 소포클

The Sphinx, 1864, Gustave Moreau

레스의 《오이디푸스 왕》은 20세기 실존주의 문학의 대가인 카뮈의 부조리 개념을 이미 선취하고 있는 듯하다.

중요한 것은
용기와 의지

오이디푸스는 '실존'하고자 한 인물이다. 그는 가만히 앉아서 신탁에 순응하지 않았다. 운명의 바퀴 밖으로 탈출하려고 했으며, 스스로 자기만의 운명의 바퀴를 굴리려 했다. 또한 다른 존재와 사귀고 연대했다. 온 나라가 죽음의 그림자로 뒤덮여 있을 때, 그 문제를 풀기 위해 밤낮으로 궁리했다. 처남 크레온에게 신탁을 받아올 것을 명하고, 예언자 테이레시아스를 부르고 문제를 집요하게 파헤친다. 사자에게도 양치기에게도 청하며, 무엇이 문제인지 규명하고자 노력한다.

오이디푸스의 질문은 결국 '나는 누구인가'라는 실존적 질문이라고 봐야 한다. '당신이 바로 그 살인자입니다'라는 사실이 확인될 때까지 던지는 질문. 최종의 답을 찾기 위한 최종의 질문을 던지지 않으면 실존에 이를 수 없다.

내 그대에게 이르노니, 그대가 위협적인 말로 라이오스의 살해를 규명하겠다고 공언하며 오래 전부터 찾고 있던 그 사람, 그 사람은 바로 이곳에 있소. (…) 그리고 그는 같이 살고 있는 그의 자식들의 형제이자 아버지이며, 그를 낳아 준 여인의 아들이자 남편이며, 그의 아버지의 침대를 이어받은 자이자 그의 아버지의 살해자임이 밝혀질 것이오.

이 엄청난 파국을 감지하면서도 오이디푸스는 질문을 멈추지 않는다. 오이디푸스는 죽은 자들의 영혼이 새로운 삶을 살기 위해 운명의 여신 앞에 나아가 또 다른 운명을 받아들인다는 아테네적 내세관에 저항하는 상징적 인물이며, 지금 여기 펼쳐지는 운명 앞에서 현재의 삶을 만들려 분투하는 인간의 표상이다. 혹자는 이렇게 생각할지도 모른다. '그래, 운명이라는 것이 있다고 치자. 우리가 그것을 안다면 대개는 절망하고 삶의 의지를 잃어버리지 않을까? 운명의 행로를 모를 때 우리는 희망을 품고 무엇인가를 앞으로 밀고 가지 않을까?'라고. 프로메테우스도 그렇게 생각했다. 하지만 오이디푸스는 신탁을 통해 자신의 비극적 운명을 알고 있었다는 것을 기억하자.

운명의 거대한 힘이란 그야말로 '인간이 알 수 없다'는 데서 나온다. 아테네인들은 그들의 신들마저 '운명이 어떻게 될지' 모른다고 생각했다. 최고의 신, 신 중의 신인 제우스가 트로이 전쟁의 승자를 알기 위해 황금 저울을 사용하는 모습에서 이를 엿볼 수 있다. 오이디푸스가 신탁으로부터 운명을 미리 알았기 때문에 '맞서 싸웠다'라고 생각하는 이는 비극적 운명 앞에 나약해지는 인간의 모습을 애써 외면하는 것이 아닐까. 오이디푸스가 우리들의 오이디푸스가 될 수 있는 것은 막연한 희망이나 맹목적인 바람이 아니라 실존을 위한 의지와 용기, 그리고 최종적인 답을 찾아내려는 과감하고 치밀한 행위 때문이다.

각자의 운명 앞에 선 우리에게
빛과 같은 선물

오이디푸스가 마침내 최종적인 대답을 찾았을 때, 그는 답을 받아들이고 바로 자신에게 책임을 지웠다. 자해가 자기 삶에 대한 실존적 책임인가 하는 질문은 남는다. 실존적 책임 행위로서 그의 자해를 다른 관점에서 볼 수도 있다. 아마도 그의 자해는 자기 책임적 행위이면서 동시에 운명을 안고 수용하면서 운명을 넘어서려는 것이 아니었을까. 겉으로 보기엔 신탁의 실현이지만 말이다. 《오딧세이아》에는 제우스가 운명을 신의 탓으로 돌리는 인간들의 모습을 비난하는 장면이 나온다.

인간들은 걸핏하면 신들에게 잘못을 돌리려 한다. 인간들은 재앙이 우리에게서 비롯됐다고 말하지만, 실은 그들 자신의 잘못된 짓으로 인해 정해진 몫 이상으로 고통을 당하는 것이다.

이 대목을 보면 오이디푸스의 행적과 자해는 인간이 할 수 있는 최고의 실존적 투쟁이며 적극적인 자유의 표현이다. 중요한 것은 실존하고자 한다면 오이디푸스처럼 운명에 반항해야 하고, 자신만의 스핑크스를 통과해야 한다는 것이다. 마지막 순간 자해라는 비극적 운명의 선택은 운명을 안고 운명으로부터 벗어났다는 자기선언이다. 그 힘이 오이디푸스가 각자의 운명 앞에 선 우리에게 주는 빛과 같은 선물이다.

Chapter 10

나, 이 순간 살아 있다

프리드리히 니체

Friedrich Nietzsche

1844 ~ 1900

어느 날 문득 어떤 노래를 듣다 자신도 모르게 하염없이 눈물을 흘린 적이 있다면, 그만큼 아련하고 뜨거운 기억도 없을 것이다. 지금 나의 가슴속 언어가 가사 하나하나가 되어 나의 귀를 휘감아올 때 어찌 눈물을 흘리지 않을 수 있는가! 수백 수천 권의 책보다 더 간명하게 삶의 진실을 말해주는 노래를 들을 때, 내가 무척 사랑하는 사상가의 생각이 한마디의 노래 가사에 고스란히 묻혀 있을 때 생각이 멈추고 몸이 움직여지지 않는다. 시간이 정지한다.

몇 달간 자정의 시간에 사무실을 나와 집으로 걸어가며 듣던 김윤아의 〈길〉이란 노래가 나에겐 그랬다. "아무도 가르쳐주지 않는 이 길이 옳은지, 다른 길로 가야 할지. 난 저기 저 길 끝에 다다르면 멈추겠지, 끝이라면. 가로막힌

미로 앞에 서 있어 내 길을 물어도 대답 없는 메아리. 어제와 똑같은 이 길에 머물지 몰라. 저 거미줄 끝에 매달린 것처럼. 세상 어딘가 저기 가장 구석에 갈 길을 잃은 나를 찾아야만 해. 어둠이 오기 전에 긴 벽에 갇힌 나의 길을 찾아야만 하겠지."

많은 사람들이 그렇게 말해왔지만 나의 니체, 우리의 니체도 위의 노래 가사를 때론 예언자나 선지자처럼, 때론 예술가의 몸으로, 때론 차가운 이성의 목소리로 말해왔다. 하지만 오늘 니체는 차가운 관찰자로, 자기를 넘어선 자의 혜안으로 엄숙한 표정을 지며 우리의 모습을 말하려 한다. 그는 《안티크리스트》에서 현대인의 실존적 풍경을 자기상실에서 찾으며 자기상실을 현대인의 병으로 진단한다.

현대인은 "나는 어디서 와서 어디로 가는지 모른다; 나는 어디서와 어디로를 알지 못하는 것 전체이다"라고 탄식한다. (…) 이런 현대성으로 인해 우리는 병들어 있다.

니체는 우리를 병들게 하는 것을 계보학적으로 추적하고 우리의 삶을 지배하는 기존 가치들을 전복, '모든 가치의 전도'를 시도함으로써 문명의 병으로부터 현대인을 해방시키고자 했다. 그는 먼저 우리를 병들게 하는 것으로 소크라테스 이후의 전통형이상학을 들고 있다. 니체는 전통형 이상학이 이성, 의식, 세계를 절대화, 실체화 한다고 비판했다. 디오니소스의 철학을 내세우는 그에게 소크라테스주의, 소위 로고스중심주의 철학은 병의 근원으로 치부된다.

우리를 병들게 하는 또 다른 것은 도덕과 기독교이다. 니체는 도덕이 무기력, 무능, 나약함, 병듦, 고통에의 시달림, 죽음의 공포 등에서 생긴다고 보았다. 니체에게 도덕은 위와 같은 삶의 실상을 극복한 이상화된 상태를 통해 삶의 의미와 목적을 부여하는 일종의 사이비 심리치료술이다. 도덕은 우리에게 공격하지 말라, 복수하지 마라, 조용하고 사려 깊게 행동하라, 감사하라, 존중하라, 인내하고 겸손하라고 가르친다. 우리는 가정에서, 학교라는 사회화 기관에서 도덕을 학습해왔다.

그런데 니체의 눈에 위와 같은 도덕률들은 하나같이 약한 자의 도덕이며 위선이다. 거기에는 약한 자의 무력감이 표현되어 있고 약한 자의 심리적 자기보상과 자기기만이 가득 배어 있다는 것이다.

노예의 도덕과
주인의 노덕

이러한 기존의 도덕을 니체는 '노예 도덕'이라 칭한다. 노예 도덕의 대표자가 '이웃 사랑'을 외치는 기독교 윤리이다. 그는 《안티크리스트》에서 기독교야말로 인간이 갖는 '최고의 내면적인 타락'이자, 인간을 왜소하게 만든 '인류의 오점'이라고 말한다.

그는 인간을 왜소화하고 저승의 영원한 삶을 추구하며 현세의 삶을 부정하는 허무주의자를 만드는 노예 도덕에 맞서 자기 삶의 주인이 되는 자유롭고 강한 자의 도덕을 꿈꾸었다. 그것이 바로 자유의 정신 속에 깃든 '주인의 도덕'이다. 자신을 넘어서려는 시도를 끊임없이 감행하며 강한 자가 되려는 일체의 활동이 바로 주인의 도덕이다. 주인의 도덕은 기존의 선악 개념을 넘어서는 생성, 우월, 강함, 강해지려는 힘에의 의지를 추구하는 것을 말한다. 그의 시각에서 주인의 도덕을 행하는 자가 고귀한 영혼이라면, 노예의 도덕을 좇는 자는 가축과 같은 자이다.

니체는 "맹수처럼 자유롭고 기사처럼 고귀하라"고 말하며 그것이 자기 삶의 주인, 곧 실존이라고 강조한다. 우리는 과연 그러한 삶을 살 수 있을까? 실존을 위해 거대한 용과 싸우는 용맹한 사자이자 자신의 삶을 유희처럼 즐기는 어린아이로 살아갈 수 있을까? 그와 같은 삶을 진정으로 살고 싶다면 니체는 차라투스트라가 한 것처럼 "자신의 고향과 고향의 호수를 떠나" 즉 익숙해진 삶의 공간을 떠나 "산 속으로" 들어갈 것을 권고한다. 그가 말하는 산은 고독 속에서 자신의 정신을 즐기는, 곧 치열한 자기응시와 성찰의 내적 공간을 의미한다.

실존을 위한
고독

니체에게 고독이란 자기 자신과 대면하는 것, 자신에 이르는 통로이다. 니체는 우리에게 "형제여, 고독 속으로 들어가려 하는가? 네 자신에 이르는 길을 가려 하는가?"라고 묻는다. 그러면서 무리로부터 거리를 둘 것을 제안한다. 무리 속에 있다는 것은 별 것이 아니다. 매일같이 스마트폰에서 눈을 떼지 못하고, 쉴 틈 없이 SNS에 묶여 있으며, 사회적 시선과 동료들의 판단에 신경을 쓰는 것이 '무리 속에 있는 것'이다. 흔히 말하는 관심병이나 외부 지향형 인간, 인정 욕구로 괴로워하는 사람들이 무리 속에 갇힌 사람이다.

그런데 고독하다는 것, 고독하게 산다는 것은 결코 쉽지 않다. 흔히들 '고독을 즐겨라'라고 말하지만, 뼈가 시린 고독을 견디기란 결코 쉬운 일이 아니다. 우리 인간은 고독보다 사회적 관계에서 오는 감정에 더 민감하게 반응하도록 훈련되어 왔고 타자의 인정을 획득하려는 소위 인정 투쟁을 학습해왔다. 그래서 우리는 고독한 존재보다는 사회적 존재임을 고백하기를 좋아한다. '외톨이'라는 말이 갖는 부정적 함의에서도 혼자 있는 자에 대한 사회적 시선을 확인할 수 있다. 고독하다는 것, 무리로부터 벗어나 자기 자신과 대면하는 길로 접어드는 것을 수용하기란 정말 쉽지 않다.

외롭다고 외치며 군중 속으로 달려가지 않고 자기 자신을 응시하고 스스로와 관계하는 것, 그것을 의식하는 것이 바로 실존적 의식을 갖는 것이다. 그러기 위해서는 '그럴 만한 힘'이 있어야 한다. 이 힘이, 곧 고독의 힘이 자기 실존을 창조하고 자신의 길을 가게 만든다. 이렇듯 고독이야말로 자기 창조적이고 생산적인 것이다.

자기를 사랑하는 것
자기를 경멸하는 것

고독을 끌어안는 것은 자신을 사랑하는 것이다. 자기 자신을 사랑한다는 것은 나르시시즘적 자기애를 말하는 것이 아니다. 자기를 사랑한다는 것은 실존하는 것이다. 동시에 자기 사랑은 경멸을 수반한다.

고독한 자여, 너는 사랑하는 자의 길을 가고 있다. 너는 너 자신을 사랑하며 그 때문에 너 자신을 경멸한다.

자기 자신을 사랑하는 것이 왜 자기 경멸로 나타나는가. 그가 말하는 자기 경멸은 '약한 자기', '삶의 예술가로서 디오니소스적 열정의 부족', '생산적 허무주의가 아닌 절대적 허무주의에 빠진 자기'에 대한 경멸을 말한다. 자기 경멸이 없는 사람은 유약하고 무기력한 퇴락의 삶을 사는 것이다.
수동적이고 방어적인 삶의 태도는 자기 경멸의 부족에서 유래한다. 자기 경멸 없이 자기 자신이 될 수 없다고, 실존할 수 없다고 니체는 위버멘쉬(Übermensch)의 목소리로 말을 하는 것이다. 위버멘쉬란 자기 경멸을 통해 자신의 삶을 사는 사람의 다른 이름에 지나지 않는다. 니체는 실존하지 못하는 인간, 자신을 사랑하지 않는 인간을 벌레, 더러운 강물, 원숭이보다 더 원숭이 같은 존재로 묘사한다. 벌레 혹은 원숭이가 되지 않고 자신에 이르는 위버멘쉬가 되고자 하는 자에게 니체는 다시금, 운명애와 힘에의 의지를 권고한다.

고흐
– 디오니소스적 유희

운명애란 자신의 삶을 긍정하고 자기 삶을 만들어가는 고귀한 정신적 태도이며 '힘에 의지'하는 것을 말한다. 왜냐하면 힘은 삶을 만드는 동력이며 그 힘은 끊임없이 생성, 변형되고 만들어지기 때문이다. 삶의 목적은 바로 그러한 힘을 키우고 강화하고 계속해서 그 힘에 의지하는 것이다. 힘에 의지한다는 것은 자기보존의 본능에 의지하는 것, 자신의 명료한 의식에 의존하는 것, 권력을 가지려는 것을 의미하지 않는다.

힘에의 의지는 어떤 고정된 힘이라는 실체에 의지하는 것이 아니라, 힘과 힘의 다층적이고 다면적인 구조 속에서 힘의 성질에 의지하는 것을 의미한다. 힘에의 의지란 생성하는 어떤 힘을 따름으로써 그 힘의 발현에 능동적으로 관여하는 것을 말한다. 힘에의 의지와 운명애를 화가 고흐에게서 발견할 수 있다. 고흐는 자신과 동생에게 고백한다.

결론을 내렸다. 수도사나 은둔자처럼 편안한 생활을 포기하고 나를 지배하는 열정에 따라 살아가기로.

그래서 고흐는 "작업, 작업의 연속 속에 살고 있으며 녹초가 되어 침대 속으로 밀려들어 간다"고 전하고 있다. 고흐의 작업에의 욕구와 그 욕구의 활동으로서의 새로운 작업의 연속, 욕구의 지속적 활동의 결과로서 녹초, 그리고 다음 날 다시 작업이라는 일련의 고흐적 창작의 힘을 니체의 관점에서 '고흐의 실존'으로 규정할 수 있으며, 창작 욕구에 의지하는 것이 곧 힘에의 의지이다.

힘에의 의지 개념에 내재한 실존의 의미란 변화에의 의욕과 의욕의 작용 및 의욕의 활동이라는 의미에서 생성의 지속성을 말한다. 이러한 실존하려는 의욕과 생성의 지속적인 과정에 기대는 것이 힘에의 의지이다. 이것은 곧 자기 삶의 무한 긍정을 전제하는 것이다. 니체는 삶의 긍정을 "영원히 자신을 창조하고 영원히 자신을 파괴하는 디오니소스적 유희"라고 말한다.

디오니소스란 꿈, 도취, 통일에의 열망, 창조와 파괴의 일체성을 의미한다. 힘에 의지하여 디오니소스적 무한긍정의 유희를 즐기는 것으로서 실존이야말로 삶의 예술가가 되는 것이다. 디오니소스적 열광은 시인 유하가 〈그리움을 견디는 힘으로〉에서 말하듯 세상과 완전한 한 몸이 되어 살아가는 것이 아닐까.

At the Moulin Rouge The Dance, 1890, Henri de Toulouse—Lautrec

나 이 순간 살아 있다

나 지금 세상과 한없는 한몸으로 서 있다.

우상과 그림자가 사라진
위대한 정오의 시간

삶의 무한 긍정과 그것에 대한 열정적 유희를 즐기는 존재가 다름 아닌 위버멘쉬다. 이런 의미에서 그는 위버멘쉬를 광기로 비유한다. 위버멘쉬는 슈퍼맨이 아니라 기존의 모든 형이상학적 가치, 종교적 가치의 통칭인 신의 자리를 걷어내고 그 자리에서 자신의 '존재의 의미'를 창조하는 사람이다. 위버멘쉬는 자신만의 "새로운 가치를 창조하는 자"인 셈이다. 그는 위버멘쉬의 건너편에서 꼭두각시처럼 살아가는 마지막 인간(der letzte Mensch)을 경멸하며 생성과 소멸의 주인이 되는 실존적 삶을 우리에게 촉구한다.

적응과 순응을 통해 최후까지 오래 살아남는 마지막 인간의 속성을 스스로 탈각하고 자신의 길을 창조하려는, 자신을 넘어서려는 활동의 순간을 즐기는 시간이 바로 '위대한 정오'의 시간이다. 내 존재의 시간은 '지금 몇 시를 가리키는지' 물어야 한다. 이 질문이 바로 인간이 자신을 넘어서려는 "하나의 시도"가 되는 순간이다. 유하는 시 〈재즈 9〉

에서 비상과 낙하, 죽음의 에너지와 꽃봉오리, 부패와 향기를 대조시키며 니체가 말하는 시도로서의 인간을 시적으로 표현한다.

한없이 날아오르려 하는 것과
한없이 낙하하려는 것이
한몸 속에서 팽팽하게 맞설 때

세상이 외줄처럼 당겨지고 난 그 위를 아슬아슬
걸어간다, 끝 모르는 죽음의 에너지가
꽃봉우리의 설렘을 충전시키고
난 부패의 힘을 빌려
향기의 감미로움을 말한다.

우리 자신에게
이르는 길

우리가 알 듯 니체는 위버멘쉬, 차라투스트라이고자 했다. 그래서 그는 언제나 '보다 높은 정신의 소유자'가 되고자 했다. 그것을 위해 그는 신을 죽였고, 천년의 고독 속에서 자기 영혼을 돌보았다. 그는 무거운 짐을 스스로 지는 낙타를 지나, 자신을 지배하려는 거대한 용과 싸우는 사자를 통과해, 마침내 자신의 삶을 즐기는 어린아이이고자 했다. 적어도 그의 정신은 그러했다. 그러나 현실세계에서 니체는 그렇지 않았다. 그 역시 수많은 인간적인 약점을 가진 인물이었다. 자신의 여동생을 사랑했고, 색욕의 문을 열게 한 백작부인과의 성적 유희, 빈번한 매춘과 성병, 마음의 신처럼 떠받든 루 살로메(Lou Andreas-Salomé)에 대한 집착, 과잉 표현과 지나친 언사, 과도한 자기애, 맹신적인 편견⋯⋯.

이런 모습들이 인간으로서 니체의 모습이다. 그는 인류의 정신사에서 하나의 신화이고자 했다. 이것을 부정할 사람은 없다. 그것은 그의 삶일 뿐, 우리는 우리에게 이르는 길을 가야 한다. 니체와 같은, 혹은 니체적인 것이 아닌 우리 자신에게 이르는 길을.

결국 문제는 우리가 우리이고자 하는 것을 위해, 정신의 한 방울마저 남겨놓지 않은 동경의 화살을 쏘는 것이다. 혹자는 대부분의 사람이 낙타처럼 살며, 극복하기 어려울 정도의 버거운 상대인 용과 싸우다 포기하지 않느냐고 물을 것이다. 그러나 그것은 왜 우리에게 동경의 화살이 필요한지를 역설적으로 말해주는 것일 뿐.

일단 한 발자국을 앞으로 내미는 것, 무소의 뿔처럼 나는 나아가리라는 읊조림이 우리에게 필요하다. 우리의 그러한 시도는 적어도 무엇인가를 동경하고 앞으로 나아가게 할 것이니.

IV부

희극과 비극,
그 무엇으로도
덧칠할 필요 없는
우리 삶을
위하여

Chapter 11

거짓 알리바이 앞에서

시몬 드 보부아르

Simone de Beauvoir

1908 ~ 1986

부모의 강한 반대에도 불구하고 21세에 한 남자와 계약 결혼을 한 여자, 한때 타인에 대한 적대감과 과잉의 자기애를 갖고 있었던 사람, 《위기의 여자》, 《초대받은 여자》 등 소설에 내밀한 경험을 고유한 시선으로 담아낸 작가, 사르트르의 제자 자크 보스트와 고등학생 제자 비앙카 비넨펠트를 연인으로 두었으며, 위험을 무릅쓰고서도 17세의 어린 학생 나탈리 소로킨을 유혹했고, 결국 교사 자격증을 영구 박탈당한 자유인, 1970년대 여성 해방 운동 및 낙태 반대 운동을 이끈 행동가, 바로 시몬 드 보부아르다.

그가 이 세상에 소리쳐 알리고 싶었던 것은 "여자는 태어나는 것이 아니라 만들어지는 것이다"라는 생각이다. 이 명제가 보부아르 사상의 핵심이다. 그는 섹스와 젠더의 구분에 기초한 페미니즘적 실존철학의 색채를 확실히 보여주고 있다. 보부아르는 한 인간으로서 그리고 한 여성으로서 이 테제를 온몸으로 실천한 사람이다. 아마도 이 명제는 남성 중심 사회가 계속되는 한 영원히 유효할 것이다.

여자는 태어나는 것이 아니라 만들어지는 것

보부아르의 아버지는 직업적 성공이나 명예보다 문학과 연극에 관심이 많은 인물이었다. 보부아르는 자신의 유년기와 청소년기를 다룬 자서전인 《얌전한 처녀의 회상》에서 아버지가 자신의 지적 성장과 세계 판단의 무결점적 기준이었다고 회상한 바 있다. 하지만 그의 아버지는 아들이 없음을 늘 한탄했고, 그는 성장하면서 아버지의 그 한숨에 강한 반감을 가진다. 유년기의 보부아르는 독실한 가톨릭 신자이자 보수주의자였던 어머니의 영향으로 종교 생활을 하기도 했으나, 14세가 된 후 종교로부터 멀어졌으며 무신론자가 되었다. 사실 어머니의 종교 교육은 여성 교육의 일환이었다.

어린 보부아르의 눈에 비친 아버지와 어머니의 관계에서 어머니는 늘 순종적이었으며 어머니가 스스로에게 부여한 과제는 보부아르를 여성으로 형성시키는 것이었다고 그는 기억했다. 보부아르는 자신의 유년기를 회상하며 아기로서 중성적 존재인 자신이 "성장할수록 어른들의 반응이 달라졌다"고 말한다. 그는 그러한 반응의 차이를 강하게 느끼면서 부모와 주위 사람들의 그런 행동에는 '남아의 우월성'이라는 막연한 믿음이 자리 잡고 있다고 감각적으로 알아차렸다.

제1차 세계대전이 끝나갈 즈음, 전통적인 부르주아 생활을 유지할 수 없을 만큼 가계가 어려워지자 보부아르 가족은 작은 집으로 이사하게 된다. 이때 보부아르는 세상에 눈을 뜨고 작가로서 성공할 것을 결심한다. 그는 막연하게나마 출세욕을 품게 되었으며, 어머니의 감시, 아버지의 가부장적 권위에 도전하고 싶은 마음을 갖게 되었다. 이때 즈음해 보부아르는 평범한 여자의 삶과 다른 삶을 살 것이라는 자신을 바라보는 아버지의 시선을 의식했고, 그것이 아버지에게 집안의 자랑이 될 만한 뛰어난 여성으로서의 성공이 아니라 자녀 교육에 실패한 '패배의 증표'로 각인될 것이라는 것도 예감했다고 회상했다.

보부아르는 여성으로서의 삶을 살아야 한다는 압박감을 철학의 언어로 주조해냈다. "여자는 태어나는 것이 아니라 만들어지는 것이다!"라는 외침은 하룻밤에 만들어진 것이 아니다. 그것은 여성의 역사와 삶이 만들어낸 여성적 실존의 외침인 것이다.

삶의 애매함에
대하여

보부아르는 실존의 본질적 성격이 애매성(ambiguity)에 있다고 보았다. 애매성은 수많은 우연과 불확정성, 딜레마 속에서 살아가는 실존적 상황을 지칭한다.

애매성은 지금 여기 삶의 순간을 살아가면서 죽음으로 향해 가는 존재라는 실존의 근본적 사태, 우연성과 자발성과 필연성 사이에서 애매하게 서 있는 존재론적 상황, 인간이 추구하는 가치 자체가 확정적이지 않다는 점, 자유를 향한 분투와 자유의 한계 속에 걸쳐 있는 존재론적 측면, 타인을 부정하고 배제하면서도 동시에 타인과 불가피하게 관계하며 살아가게 되는 현실 등을 일컫는다.

일상적 차원에서 삶의 애매성을 아주 거칠게 번역하면, '삶이 그렇게 간단하지 않다', '인생에 답이 없다'는 말로 표현할 수 있을 것이다. 실제로 여성으로 살든 남성으로 살든 인간의 삶은 한마디로 애매하다. 우리가 살면서 얼마나 완전한 자유의 상태에서 우리 삶을 설계하고 이성의 논리를 따라 살아왔는지를 생각해본다면, 선택의 딜레마에서 우물쭈물하거나 선택한 것과 포기한 것의 가치를 명확하게 판단하지 않았던 경우를 생각한다면 수긍하게 된다. 논리로 설명할 수 없기 때문에, 하나의 의미로 포착될 수 없기 때문에, 게다가 잘못된 판단과 우연이 더 많은 기쁨과 이익을 가져다주었던 일들도 있기에, 삶은 애매한 것 아닐까?

보부아르가 탐구했던 것은 '삶의 애매성에서 어떻게 실존해야 하는가'이다.《위기의 여자》,《초대받은 여자》등의 소설과 특히《제2의 성》은 남자라는 타자와 여성의 관계에서 여성 자아가 경험하게 되는 왜곡된 삶의 애매성을 잘 보여준다. 여성적 삶의 애매성이란 한마디로 남성 사회의 피해자이자 공범자로서의 상황, 시적 수준의 자기 주체성의 재발견 및 남성 사회에서의 안온함과 특권을 즐기는 이중의 얼굴 등으로 요약될 수 있다.

열등한 타자의
굴레

보부아르는 남성에 의해 규정된 열등한 타자로서 여성(성)을 맹렬하게 분석했는데, 그 이유는 여성이 그러한 현실을 인식하고 주체적인 인간이자 독립적인 여성으로서 자

The Belleli Family, 1860–1862, Edgar Degas

신의 삶을 살아가도록 하는, 즉 여성 실존의 길을 촉구하는 데 있었다.

보부아르는 애초에 '여성다움'이라는 것은 없다고 말한다. 여성다움을 만들고 그것을 강요하는 것은 남성이 공존을 위한 상호성을 부정하고 여성을 열등한 타자로 규정함으로써 성적 지배를 관철하려는 데서 생겨났다는 것이다. 보부아르는 소설 《위기의 여자》의 여주인공인 중년의 여성 모니크의 입을 통해 위와 같은 자신의 생각을 드러낸다. 이 소설은 현모양처 콤플렉스에 젖어 22년 동안 남편과 아이들에 헌신했던 주인공이 남편 모리스가 자신에게 연인이 생겼으며 지금의 연인 이외에도 결혼 생활 중 많은 여성과 사랑을 나누었음을 고백하면서 본격적인 이야기가 시작된다.

나는 나 자신의 이미지를 잃어버렸다. 내가 그것을 자주 바라본 것은 아니었지만, 나의 배후에는 그것이 자리 잡고 있었다. 사실 그것은 모리스가 나를 위해 그려 놓은 것이었다. 솔직, 성실, 진실하며 교활하지 않고 타협을 모르면서 이해심, 관대함, 감수성, 생각의 깊음 그리고 사물과 사람에 대한 자상함, 사랑하는 사람들에 대한 정열적인 헌신, 그들을 위해 행복을 가꾸어 내는 여성 이미지. 아름다우면서 맑고 결핍 없는 조화로운 인생이 모리스가 내게 만들어준 여성 이미지였다.

가부장적 사회에서 남성은 자신을 유일한 절대적 주체로 간주할 뿐, 여성을 '주체'로 인정하지 않는다. 여성은 '치마'로 상징되는, 남성과 완전히 다른 종이다. 〈종의 기원〉에서 시인 신해옥은 보부아르의 관점을 시적 언어로 적고 있다.

덜미를 잡힌 건가, 내가?

치마를 입고 두 개의 다리로 나는
달기기를 하는 중이었는데.

여자인간에 거의
가까워지고 있었는데.
웃는 소리가 난다, 창피하다, 뒷다리만 돋은 수중
생물이 뒤뚱뒤뚱 자라, 분수를 모르고 직립보행을
한다며, 빈축을 사고 있는 것 같다.
냄새가 난다, 억울하다, 이렇게 땀에 흠뻑 젖었는
데, 땀을 닦으면 금세 말라 죽어버리게끔, 양서류의
살갗에 덮이는 저주에 걸린 것만 같다.
(…)

그렇다고 인간사표를 쓸 수는 없는데
그렇다고 지구 바깥에서 다시 태어나
순결한 얼굴로 주위를 두리번거릴 수는 없는 거잖아요.

가부장적 남성 사회에서 인간 사표를 쓸 수 없는 여성은
재산 목록이거나 딸린 식구, 남자와 가족을 위해 존재하는
기능 수행자 이상이 될 수 없다. 금지의 목록과 허락의 목
록에 의해 여자는 비주체, 비실존으로 살아간다.

보부아르는 가부장적 사회에서 여자는 단순한 자궁이자,
암컷으로 간주되며, 무기력, 참을성 없음, 멍청함, 음탕함,
교활함, 비굴함, 냉담함, 나르시시즘의 속성을 가진 열등한
존재로 인식된다고 비판한다.

아마도 가부장적 사회의 전면적 억압에 대한 극단의 경험
은 보부아르보다 그의 친구 자자가 더했을 것이다. 보부아
르와 유년과 청춘의 시기를 함께한 절친 자자는 죽음으로
그 흔적을 남겼다. 자자는 자신의 사랑에 대한 집안의 완전
한 부정에서 자신에게 강요하는 여성의 자리, 여성성에 절
망해 죽음으로 생을 맞이했다.

보부아르는 그의 죽음을 직면해 가부장적 사회의 여성 억
압을 명확하게 인식하고, 독립적인 인간으로서 실존의 길
로 나아가는 결단을 했다.

공모자와
협력자

보부아르는 성적 지배를 정당화하는 데 흔히 동원되는 생물학적 결정론이나 심리적 결정론, 사회적 결정론과 같은 이론을 비판하면서 여성과 여성성이 '운명'이 아니라고 주장한다. 그는 '어쩌겠어, 여자로 태어난 것을'이라는 존재론적 숙명론을 거부한다.

보부아르 자신은 월경을 하면서 자신이 인간이 아닌 '생산을 하는 여성 육체'로 인식되었다는 것을 알아차리면서 여성의 몸에 대한 혐오의 감정을 유년기에 가진 적이 있다고 말하기도 했다. 생물학적 운명론에 대한 반발이었던 셈이다.

한편 보부아르는 '어쩌겠어, 그래도 엄마인데, 나라도 희생해야지, 자식을 위해'라는 언술은 여성의 자기고백이 아니라 남성이 만들어낸 모성애 신화에 지나지 않으며 이를 통해 성적 지배를 작동시키는 거짓 운명 놀이라고 목소리를 높였다. 사랑과 헌신의 상징으로 교묘하게 미화하면서 여성을 성적 지배의 도구로 삼는 이데올로기라는 것이다.

성적 지배와 관련해 항상 등장하는 논리가 공모자-협력자 논리이다. 보부아르도 여기에 대해 한마디 한다. 그는 여성 스스로 남성 지배 사회의 문화적 토대를 재생산하고, 그것을 지속 가능케 하는 운반자의 역할을 수행하는 비극을 꼬집는다. 여성들은 남성 영웅인 아들을 낳기를 원하고 "그녀가 세우지 못한 집, 탐험하지 못한 나라들, 읽지 못한 책, 그것을 아들이 줄 것이다"라고 믿는다.

《위기의 여자》에서 모니크는 바람난 남편을 원망하며 "나는 내 딸들을 각기 다른 방식으로 그 아이들의 개성에 맞추어 성공적으로 길러냈다고 자부하는데"라는 대사가 있다. 실존으로 재탄생하기 이전의 모니크처럼 아이를 돌보고 양육하는 것을 삶의 낙이자 유일한 가치로 맹목적으로 믿는 여성들 역시 남성 사회의 협력자이다.

보부아르는 다음과 같이 묻는다. '여자다움을 유지하는 데 남자와 여자 어느 쪽이 더 열심인가?'라고. 그의 대답은 여자라는 것이다. 어떤 여성들은 아름다움을 가꿈으로써 남성 사회에서 가지는 특권을 유지하려 한다. 또한 상류층 여성들은 자기 계급의 이익을 강력하게 옹호하는 방식으로 남편의 열렬한 동조자가 되는데, 그것이 남성 사회의 공모자 역할이다.

그런데 보부아르가 말하고자 싶은 것이 여자는 가부장적 사회의 공모자이고 협력자라는 것일까? 당연히 그렇지 않다. 그가 말하고 싶은 것은 그것을 수행하는 '여성의 비극'

을 남성 사회가 부단히 만들어낸다는 것이다. 더 이상 리모컨을 작동하지 않아도 자동인형처럼 무의식적으로 움직이는 내면화된 행위 기계로 여성을 만든 남성 사회에 대한 현상학적 고발이 그가 하고 싶었던 말이다. 여전히 여성성을 자기검열 하고 있는 여성의 비극에 관한 구체적 묘사가 공모자-협력자 주장에 대한 가장 강력한 비판 방식이라고 그는 생각했다.

평등 속의
차이

보부아르는 여성을 억압하고 지배하는 사회구조 속에서도 한 개인으로서 자유의 가능성은 사라지지 않는다는 것을 강조한다. 그는 《제2의 성》에서 비극의 본질은 "부단히 본질적인 것으로서 자기를 확립하려는 모든 주체의 기본적인 욕구와 여자를 비본질적으로 만들려고 하는 요청 사이의 갈등"에 있기 때문에, 자유를 통한 실존의 확보를 도모한다.

자유의 관점이란 억압 상황을 부정하고 여성 역시 자주적이고 자유로운 존재임을 자각하고 자유를 향해 부단한 초월을 시도해야 한다는 시각을 말한다. 당연한 이야기이지만 보부아르는 여성의 실존과 자유를 위해서 경제적인 독립과 스스로를 구제하려는 내적 활동의 중요성을 강조한다. 사르트르와의 계약 동거의 체험이 녹아들어 있는 《초대받은 여성》 속의 주인공 프랑수아즈가 그와 같은 자유의 여정을 걸었던 여성이다.

이 소설은 여성작가 프랑수아즈 미캘과 연극배우 겸 무대감독 피에르 라브루스, 루앙이라는 시골 출신 어린 소녀이지만 사랑의 적대자가 된 크자비에르 파쥬와의 삼각관계에서 프랑수아즈가 두 인물로부터 정서적, 정신적으로 독립해 자신을 찾아가는 이야기이다. 말미에 프랑수아즈는 스스로 자기 삶에 불러들인 초대된 여성 크자비에르를 살해하지만 그것을 통해 자유를 획득한다.

애초에 프랑수아즈는 피에르의 생각, 판단, 결정에 자신을 동일시하고 그에 맞추어 그 안에서 자신의 의미와 삶의 위안과 자유를 누리는 여성이다. 그들 사이에 크자비에르가 등장한다. 질투, 시기, 소유욕의 극단의 내적 고통을 맞이하며 피에르에 대한 위선적인 비굴함이 자신을 스스로 무화시켰음을 프랑수아즈는 깨닫게 된다. 자기 존재의 거짓을 인식하고 개별자로서의 실존 의식을 갖게 되자 피에르가 자신에게 그러했던 것처럼 크자비에르의 의식을 통제하고 지배하려 했던 생각을 그는 단념한다. 크자비에르에 빠진 피에르를 보며 질투심에 눈이 먼 프랑수아즈는 복수를 목적으로 배우 지망생인 제르베르와 동침한다. 프랑수아즈는 승리감에 이은 수치감의 감정, 소유욕과 복수심에 눈이 먼 자신을 지우고자 했다. 크자비에르의 존재를 완전히 무화시키는 살인을 통해 그는 비로소 독립하게 된 것이다. 보부아르는 프랑수아즈의 독립을 이렇게 적고 있다.

이 행위는 그녀만의 것이었다. "그것을 원하는 것은 바로 나다." 그녀의 의지가 실현되는 것이었다. 아무것도 더 이상 그녀의 의지를 빼앗아가지 못했다. 그녀는 마침내 선택했다. 그녀는 자신을 선택한 것이었다.

이 살인 행위는 단순히 나의 존재 의미를 위협하는 하나의 거대한 용과 같은 존재, 높은 성벽과 같은 존재의 제거만을 의미하는 것이 아니다. 피에르에 종속되고 크자비에르에 종속된 과거의 프랑수아즈의 죽음을 상징함과 동시에 완전히 다른 실존으로서 탄생을 의미한다.

여성이 제2의 성이 아닌 남성과 같은 제1의 성이 됨을 꿈꾸었던 보부아르는 여성의 해방, 평등 속 차이의 인정을 요구하는 데 그치지 않았다. 그가 정립하고자 했던 실존의 윤리학은 여성적 실존의 윤리학이 아니라 여성과 남성을 넘어서는 상호 주체성의 확인 작업이며 실천 이념을 제공하는 것이었다.

보부아르는 해방된 여성의 이념과 해방된 인간, 즉 기투와 초월을 통한 실존을 동일하게 생각했다. 나의 실존의 절대성만을 강조한다면 나와 똑같은 타자의 실존을 이야기할 수 없다. 실존은 타인과의 관계 속에서 가능하다. 자발적 고립이나 유아론적 관념에 빠지는 것은 나르시시즘이지 실존이 아니다. 타자와 관계 속에서 '실존한다'는 것은 결국 상호주체적 관계에서 가능하다.

그러나 타자는 나의 존재만큼 분명하게 존재한다는 '인식'만으로 상호주체적 관계가 성립되지 않음을 우리는 잘 안다. 그래서 보부아르는 남성과 여성, 인간과 인간이라는 두 개별적 존재 사이에 조화가 애초에 주어지는 것이 아니라 끊임없는 상호 노력과 분투가 있어야 함을 우리에게 권고한다.

여자 누구, 남자 누구가 아니라 사람이면서 남자인 누구, 사람이면서 여자인 누구가 되기 위해서 우리는 먼저 다른 존재와 직면해야 한다.

Chapter 12

겉은 개방적이지만
속은 고립되어 있는 당신에게

마르틴 부버
Martin Buber
1878 ~ 1965

마르틴 부버 하면 《나와 너》, 만남의 철학자라는 인상이 강하다. 그러나 그가 마이스터 에크하르트(Meister Eckhart) 등의 독일 신비주의 사상가들에게 깊은 영향을 받았고, 유대인 종교 운동인 하시디즘(Hasidism)에 심취했다는 점과 청년 시절에 유대 민족위원회의 기관지인 〈유대인〉과 〈피조물〉이라는 잡지의 편집인이었다는 사실은 잘 알려져 있지 않다. 게다가 어떤 이는 그를 '실존'의 문제를 고민한 철학자로 분류하는 것에 의문을 던질 것이다.

그는 시온주의와 독일 신비주의라는 사상적 여정을 거쳐 실존주의로 넘어간 인물이다. 특히 그의 저서 《나와 너》를 꼼꼼히 읽어보면 종교적 실존주의 계열의 철학자임을 확인할 수 있다. 실제로 그의 철학에 관한 실존주의적 해석은

폴 틸리히(Paul Tillich)를 비롯한 여러 철학자들에 의해 수행되어 왔다. 부버의 실존철학에서는 사르트르나 기타 실존주의 철학자들의 실존의 절대성이나 절대자유 같은 개념을 발견하기 힘들다. 왜냐하면 그는 다른 실존주의 철학이나 실존주의 문학에서 잘 다루지 않은 '사이'와 '관계'의 지평 위에서 실존의 가능성을 탐구했기 때문이다.

실존의 뿌리로서
하시디즘

하시디즘은 히브리어 하시드(hasid)에서 유래한 개념으로 '경건'을 의미한다. 하시디즘을 한마디로 요약하면 신과의 관계 및 만남을 통해 신-인간, 인간-인간 간의 상호적, 자기실현적 삶을 지향하는 새로운 종교 이념이자 운동이다. 하시디즘은 전통 유대교의 율법주의, 랍비주의를 거부하며 개인의 고유성과 독자성을 강조한다. 동시에 고립된 개인의 삶이 아닌 공동체 내에서 삶의 연대와 자기실현을 중시한다.

하시디즘은 부버의 삶을 관통하는 실존의 뿌리와 같은 것이다. 그는 우리가 대체 불가능한 것으로 규정하는 개성과 인격 개념마저 신이 부여한 개인의 무한성 개념을 통해 설명한다. 《하시디즘과 현대인》을 잠시 펼쳐 보자.

신이 세상을 창조할 때 개인의 무한성을 유일하게 고려했다. 신은 개인의 무한성을 통해 개인에게 어떤 특성, 어떤 특수 능력, 그 자신 외에 누구도 소유할 수 없는 가치를 예외 없이 부여했다. 신의 눈에는 다른 누구와도 다툴 수 없는 개인의 특수성이 존재한다. 이와 같은 고유한 가치가 개인에게 감추어져 있기 때문에 신은 특별한 사랑으로 한 사람 한 사람에게 호의를 베푸신다.

실존이 인간의 고유성, 독자성, 삶에 대한 자기 결정권, 자유와 책임을 실현하려는 삶의 태도라고 본다면, 부버의 인간 이해가 하시디즘에 기초하고 있으며 그의 실천철학적 사유의 출처임을 알 수 있다. 이제 그가 말하는 '실존'의 방으로 들어가보자.

인간은
사이의 존재

나와 너 사이의 메울 수 없는 심연으로 인해 고민해본 사람, 나와 사회의 숨막히는 갈등의 시간을 통과한 사람, 마음과 마음의 관계를 그리워했던 사람, 그리고 지금 어떤 이와 어설프고 애매한 관계에 처해 있다고 여기는 사람이라면 부버의 말에 고개를 끄덕일 것이라 생각한다.

그는 인간을 '사이(Betweenness)' 존재라고 규정한다. 사이란 실존의 근원 범주로서, 상호 타자로 존재하는 인간과 인간 사이의 '파악되지 않는 영역'을 의미한다. 그는 이것을 '사이의 영역'이라고 명명하며, 인간을 자신의 고유한 영역을 넘어서 타자와 관계함으로써 실존적 의미를 구성하는 '사이존재'로 규정한다.

사이존재가 상호 타자성을 전제하는 이상, 관계는 존재의 근원적 조건이다. 이런 이유로 부버는 "인간의 다른 이름은 관계"라고 말하며 인간의 관계 방식을 자연과의 관계, 사람들과의 관계, 정신적인 것과의 관계 등으로 나눈다.

자연과 인간의 관계는 상호적인 관계가 아니다. 이 관계는 '나'와 '그것'의 관계이다. 수, 운동, 종, 형태, 조직, 색상과 화학적 구조 등으로 대상화하는 비대칭적 관계이다. 자연과의 경험은 근원어(根源語) '나-그것(I-It)'의 관계이다. 식물과 대화를 나눈다고 말하는 사람들은 자신이 식물과 교감을 나누는 방식과 식물의 성격에 대해 많은 이야기를 한다. 이런 사람들에겐 부버의 말이 썩 맘에 들지 않을 것이며 '종우월주의자'라는 딱지를 부칠 것이다.

하지만 애초 부버의 관심은 사람과 사람의 관계에 대한 새로운 이해였다. 따라서 그에게 핵심적인 관계는 사람과 사람의 관계이며, 이 관계는 근원어 '나-너(I-Thou)'의 관계이다. 부버는 나-너 관계가 서로를 선택하고 선택받는 것이며, 그러한 의미에서 수동-능동적이며, 진정한 존재의 관계라고 말한다.

근원어 나-너는 오직 온 존재를 기울여야만 말해질 수 있다. 온 존재에로 모아지고 녹아나는 것은 결코 나의 힘으로 되는 것이 아니다. 그러나 나 없이는 이루어질 수 없다. 나는 너로 인하여 나가 된다. 나가 되면서 나는 너라고 말한다. 모든 참된 삶은 만남이다.

이 인용구에서 우리 눈에 들어오는 것은 아마도 "온 존재를 기울여야만"일 것이다. 이는 나-너 관계가 인격 전체와의 상호관계에서만 성립됨을 확인해준다. 어떤 목적을 위해 다른 사람을 이용하고 활용하는 사람들에게 나-너는 없다. 자기 상품화의 체화와 관계의 교환가치화를 원천적으로 부정하는 정신이 위 인용구에 담겨 있다. 사이 존재들의 상호관계란 '나'는 '너'로 인하여 '나'가 되는 관계이다.

부버의 근원어 나-너에 대한 말들을 들으며 어떤 이는

김춘수의 〈꽃〉을 떠올릴지 모른다. "내가 그의 이름을 불러주기 전에는 그는 다만 하나의 몸짓에 지나지 않았다 내가 그의 이름을 불러주었을 때 그는 나에게로 와서 꽃이 되었다." 이 시의 논리가 상호 관계의 법칙이 된다면 우리는 근원어 나-너의 관계로 살고 있는 것이다.

가려지고
일그러지는 얼굴들

우리 모두 근원어 나-너의 관계에서 살고 싶지만 어디 그게 쉬운가? 때론 내가, 때론 너가 그렇지 못하다. 그래서 길모퉁이에서, 사람들이 넘쳐나는 커피하우스에서 우리는 종종 웃으며 슬퍼한다. 부버는 '나'를 '좁은 산등성이'와 같다고 말한다. 좁은 산등성이로서의 나는 고립되고 이기적인 나일 수 있고, 획일적 가치에 휘둘리는 집단 속의 나일 수도 있다. 우리가 좁은 산등성이로 존재하는 한 '전체로서의 인간'을 보지 못하고, 인간의 부분만을 파악하는 오류를 범할 수밖에 없다. 그 결과는 무엇일까.

부버는 개인주의에서 인간의 얼굴은 일그러지고, 집단주의에서 인간의 얼굴은 가려진다고 강조한다. 일그러지고 가려진 얼굴을 보고 싶어 하는 사람은 아무도 없다. 자기 자신의 얼굴이든 타자의 얼굴이든, 그런 얼굴은 기피 대상이다. 우리가 보고 싶은 얼굴은 개인주의와 집단주의를 극복한 얼굴이며 그런 얼굴과 얼굴의 만남을 우리는 고대한다.

진실한 얼굴의 관계가 가능하려면 그런 얼굴을 가진 나와 너가 정립되어야 한다. 나와 너는 고유하고 독립적이야 하고, 자유로운 존재여야 한다. 타자의 말에 흔들리는 귀를 가져서는 안 되고 권위에 의존적이어서도 곤란하다. 외부 자극에 둔감할 수 있고, 선택의 두려움에 떨지 않아야 하며, 타자를 대상화하거나 타자의 부분만을 취해서도 안 된다. 거울 앞에서 선 내게 '좁은 산등성이'가 사라졌다면, 우리는 이제 준비가 된 것이다. 내가 널 만날, 너가 날 만날 그날이 온 것이다.

부딪히고 가로막히고
영원한 너를 찾아서

나를 정립한 후의 만남이 바로 두 실존 간의 만남이다. 이 만남을 통해 대화의 장이 열리게 된다. 진정한 만남은 어렵다. 누군가 옆에 있으나 홀로 있는 것 같고, 대화하고 있지만 독백하는 것 같은 느낌. 각자 '선택적으로 지각'하고

Path through the High Grass, c.1876, Pierre-Auguste Renoir

과 '선택적으로 해석'하는 경우에 빈번하게 발생하는 상황들이다.

우리는 만나기를 희망하지만 부딪힌다. 다가서지 못하고 가로막힌다. 그래서 우리는 늘 대화에 배고프다. 진정한 대화란 상호 '응답'하는 대화이다. 응답이란 실존인 나와 너가 서로 문을 열고 인정하고 귀 기울이는 것을 말한다. 타자의 실존적 물음과 고민에 동참하는 대화가 응답으로서의 대화이다. 어떤 사람은 응답이나 대화를 공감이나 공감적 대화로 파악할지 모른다. 하지만 부버의 응답이나 대화는 정서적 공감이 아니라 실존적 마주봄과 상호 열림을 말하는 것이다.

이야기를 할 때면 습관적으로 가르치려는 사람이 있고, 그로 인해 말문을 닫는 사람이 있다. 권위적 상담자로서의 조언이나 권고가 아니라 대등한 존재로서 실존적 상황과 문제 안에서 만나야 하지만, 값싼 동정과 과잉 개입으로 치닫기 일쑤다. 진정한 대화는 항상 '지금, 여기'라는 현재성과 강렬함을 갖는다.

그럼 진정한 대화의 모델은 구체적으로 어떤 것일까. 부버는 신-인간의 대화를 모델로 제시한다. 종교적 실존주의의 단서가 엿보이는 부분이다. 그는 인간과 인간의 대화가 신-인간의 대화처럼 '진실한 부름과 진실한 응답'의 표준을 따라야 한다고 말한다. 그는 고독 역시 '영원한 너(eternal Thou)'인 신과의 만남으로 들어가는 길이자 정화의 장이라고 말한다.

부버의
다섯 가지 제안

부버는 어린 시절 할아버지의 마구간에서 회색빛 얼룩말을 만진 적이 있는데, 그 촉감을 평생 잊을 수 없었으며, 그 촉감을 통해 완전한 타자성을 인식하게 되었다고 한다. 그는 말의 완전한 타자성이 자신을 접근시키게 하고 만지지 않을 수 없도록 만들었다고 술회한다. 이 체험을 부버는 "나와 더불어 만드는 너의 관계에 그 자체를 위치시키는 것"이라고 표현함과 동시에 '나-너 관계의 원형'으로 간주한다.

그는 잊을 수 없는 이 체험에 기초해 '절대자아인 나와 절대자아인 너'라는 기존 실존철학의 기본 전제와 완전히 결별했다. 다시 말해 독백에서 대화로, 혼자에서 만남의 실존철학으로 나아간 것이다. 그렇다면 대화와 공존의 실존적 삶을 살기 위해서 어떻게 해야 하는가? 부버는 몇 가지 방법을 제안한다.

첫 번째는 '나폴레옹'이 되지 말 것을 권한다. 나폴레옹은 모든 존재를 하나의 가치, 즉 나의 목적에 따라 계산하고 이용 대상으로 간주하는 인물을 상징한다. 목적 지향적 관계와 자기 자신마저도 '그것'으로 취급하는 인물의 상징이 나폴레옹이다. 부버가 생각하기에 우리 모두가 작은 나폴레옹인 셈이다.

두 번째는 소유에 집착하지 말라고 말한다. 나의 것, 나의 물건, 나의 창작물과 같은 소유 지향적 태도는 '너'마저도 소유하고자 한다는 것이다. 자기 관점과 입장에서 생각하고 행동하는 것, 소유물에 대한 집착이 가져오는 갈등, 타자를 자기와 동일시하여 고유의 '너'를 말살하는 것, 나의 것과 너의 것을 일상적으로 구분하는 것 등이 부버가 말하는 소유의 범주에 포함된다. 여성과 남성의 관계에서, 엄마와 딸의 관계에서, 남편과 아내 관계에서 소유욕이 가져오는 비극이 우리 주위의 이쪽 저쪽에서 드라마처럼 펼쳐짐을 우리는 알고 있다.

세 번째는 '제멋대로 살지 말라'고 충고한다. 그가 말하는 제 멋대로 사는 사람은 외부 세계에 열광하고 그것을 이용하는 데 에너지를 쏟는 사람을 말한다. 이러한 사람은 타인을 믿지 않으며 그런 이유로 진정한 만남을 갖지 못한다. 제멋대로 사는 사람은 자기중심적인 사람, 자신의 욕망에 충실한 사람, 향락적인 사람, 자족형 인간으로 이해할 수 있다. 이러한 사람은 너의 목소리에 별 관심이 없다. 그래서 만남도 없다.

네 번째는 지성이 아닌 정신으로 존재하라고 촉구한다. 부버는 지성을 목적적 합리성을 추구하는 것, 자신의 관념을 만들고 자신의 성(城)을 구축하는 부정적 능력, 자기 감정의 놀이 속에서 사는 능력으로 파악한다. 이에 반해 정신은 지성을 넘어서 '너를 말하고 응답하는 능력'으로 상위의 개념이다. 우리가 내적 즐거움을 가지려면 지식이나 테크닉이 아니라 하나의 영혼이자 하나의 정신으로서 다른 영혼과 다른 정신을 만나지 않을까.

마지막으로 대화와 공존으로의 삶으로서 부버는 나-너의 이념에 기초한 소규모 생활공동체를 제안했다. 이 공동체는 권력 질서에 의해 움직이는 공동체가 아니라 평등과 상호 헌신 및 연대가 실현된 사회이다. 작은 모임, 작은 사회에서 나와 너는 서로에게 주인공이 될 수 있다는 말은 틀린 말이 아니다.

독백에서 대화로,
혼자에서 만남으로

우리의 삶은 갈수록 파편화되고 있다. 우리는 단절되어 있으며 섬처럼 존재한다. 그리고 고독하다. 겉으로는 개방적이지만 속으로는 고립되어 있다. 짐멜이 말하듯이 우리의 만남에는 친절과 예의 뒤에 속내 감추기라는 현대적 삶의 방식이 침윤되어 있다. 그래서 부버의 통찰은 더욱 묵직하다.

사람은 그것 없이는 살지 못한다.
그러나 '그것'만 가지고 사는 사람은 사람이 아니다.

인간은 나-너 관계에서 언제든 나-그것의 관계로 떨어질 상황에 놓여 있다. 하지만 역설적으로 바로 여기에 실존의 가능성도 놓여 있다. 정현종의 시 〈방문객〉을 음미해보자.

사람이 온다는 건
실은 어마어마한 일이다
그는
그의 과거와

현재와

그리고

그의 미래가 함께 오기 때문이다

한 사람의 일생이 오기 때문이다

부서지기 쉬운

그래서 부서지기도 했을

마음이 오는 것이다

그 갈피를

아마 바람은 더듬어 볼 수 있을 마음

내 마음이 그런 바람을 흉내 낸다면

필경 환대가 될 것이다

만남과 응답, 대화와 의미를 추구하는 삶 속에 실존의 가능성이 있다. 서로 이방인이자 서로 방문객인 우리가 나-너의 근원적 실존의 만남을 갖기를 오늘 깊은 숨과 함께 꿈꾸어본다.

Chapter 13

그녀는 또 런던의 거리를 거닐게 될 것이다

버지니아 울프

Adeline Virginia Stephen Woolf

1882 ~ 1941

버지니아 울프는 1882년 저널리스트이자 작가였던 아버지 레슬리 스티븐과 어머니 줄리아 사이의 셋째 딸로 런던에서 태어났다. 울프는 집안 일을 도와주는 일곱 명의 하인이 있을 만큼 유복한 환경에서 자랐다. 그는 마찬가지로 영어로 글을 쓴 소설가 제임스 조이스와 확연히 구분되는 금수저 출신인 셈이다. 적어도 겉으로는 말이다.

재혼한 그의 부모는 모두 재혼 전 자녀를 두고 있었다. 그중 버지니아 울프에게 중요한 인물은 친언니 바네사와 친오빠 토비였다. 이 둘은 그녀의 일생 동안 정서적이고 지적인 버팀목 역할을 해주었다. 사실 울프의 삶은 유년기부터 그리 밝지 못했다. 엄마는 열세 살에 죽었고 아버지는 울프가 스물두 살이 되던 해에 위암으로 세상을 떴다.

2년 후엔 언니 스텔라도 사망한다. 언니 로라는 평생 정신 질환을 앓았다. 우울과 죽음의 그림자가 늘 울프 주변을 배회했다.

그녀는 여섯 살부터 오빠 조지와 더크워스로에게 지속적으로 성추행을 당했다. 이 끔찍한 사건이 훗날 동성애 성향과 결혼 후 성생활을 거의 하지 못하게 만든 원인이 된 것으로 추측된다. 그는 작가이자 양성애자인 비타 새크빌웨스트와 1년 넘게 동성애를 즐겼다. 두 사람의 애정관계는 비타에게 다른 여인이 생기면서 끝이 났다. 비타가 쓴 《올랜도》는 두 사람의 사랑 이야기를 담은 소설이다. 울프는 오빠 토비의 친구 레너드 울프와 결혼했다.

울프는 니체와 비견될 만큼 두통, 불면증, 조울증, 정신착란 같은 여러 정신질환에 시달렸다. 어머니가 사망한 후 정신착란을 일으켰고, 아버지의 사망 후에도 같은 증상을 보였다. 이때 그는 첫 번째 투신 자살을 시도했으나 실패로 끝나고 만다. 그는 정신쇠약과 착란에 대한 두려움을 안고 평생을 살아야 했다.

1941년 3월 28일은 울프가 우즈 강에서 자살로 생을 마감한 날이다. 그는 그토록 자신에게 헌신적이었던 레너드에게 "당신의 인생을 더 이상 망치고 싶지 않습니다"라는 유서를 남겼다. 비문에는 "나는 정복되지도 굴복되지도 않

은 채 너에게 나 자신을 던질 것이다. 오 죽음이여!"라고 새
겨져 있다.

블룸즈버리 그룹과
자기만의 방

울프에게 삶의 희열과 성숙을 가져다준 것이 있다면 '블
룸즈버리 그룹'이다. 울프는 세상과의 거리두기를 고수한
고독한 작가가 아니었다. 이 그룹은 그에게 삶의 엔진과 같
은 것이었다. 런던의 지역 이름을 딴 블룸즈버리 그룹에는
버지니아 울프와 언니 버네사, E. M. 포스터, 리턴 스트레
이치, 클라이브 벨, 버네사 벨과 던컨 그랜트, 존 메이너드
케인스, J. T. 셰퍼드 등이 참여했다. 버지니아 울프가 만
든 호가스 출판사(Hogarth Press)에서 책을 출간한 T. S. 엘리
엇도 이 그룹과 어울렸다.
블룸즈버리 그룹의 구성원들은 소설가, 미술평론가, 문
학 비평가, 경제학자, 교수 등 당대의 문화를 이끈 인물들
이다. 이 그룹은 대단히 자유롭고 진보적인 입장을 견지했
으며 문예만이 아니라 사회 문제를 포함해 포괄적인 주제
들에 대해 자유 토론을 즐겼다. 울프는 토니의 소개로 이
그룹에 참여했고, 자연적인 해체가 이루어진 이후에도 친

교를 위한 모임에 꾸준히 참여했다.

울프의 사회적 삶은 페미니즘 저술 활동, 여성 권리 운동으로 채워졌다. 프랑스에 보부아르가 있다면 영국에는 그가 있었다. 그는 여성 참정권 운동에 적극적이었고 여성 권리를 위한 강연 활동도 활발히 했다. 페미니즘의 고전으로 손꼽히는 에세이 《자기만의 방》은 부분적으로 소설의 형식을 빌리고 있는데, 여기서 그는 성적 지배 논리를 역사적, 문예적, 사상적 측면에서 비판하며, 남성 지배 사회의 대안으로 양성성, 즉 남성적 여성성과 여성적 남성성의 조화를 제시한다.

울프가 "1년에 500파운드와 자기만의 방"을 요구하는 것은 그래야만 여성이 자유의 습관을 익히고 자신의 삶을 스스로 써내려가며 남성과 진정한 공동의 삶을 모색할 수 있다고 보았기 때문이다. 방은 존재의 집이다. 보호와 안정만이 아니라 내밀성이 싹트는 공간이다. 존재가 의식을 결정한다는 마르크스의 주장을 울프는 여성 자아의 형성이라는 문맥에서 '자기의 방이 존재를 규정한다'고 재정의한 셈이다.

댈러웨이 속
클라리사를 불러내다

1925년에 출간된 《댈러웨이 부인》은 제임스 조이스에게서 볼 수 있었던 의식의 흐름 기법을 잘 보여준다. 소설은 클라리사의 내면세계의 변화 양상을 추적한다. 울프는 〈현대소설〉이라는 짧은 글에서 삶을 관찰할 것을 권하고 있다. 그 이유는 우리가 삶 자체의 불투명성으로 인해 주위에 있는 것을 투명하게, 즉 있는 그대로 보지 못하기 때문이다. 소설가로서 울프의 관심은 여성적 자아의 삶과 실존의 문제였다. 그러한 그의 생각이 《댈러웨이 부인》에서 압축적으로 드러난다.

클라리사는 "왜 우리가 삶을 그렇게 사랑하는지, 왜 삶을 그렇게 보고 구성하며, 하나를 중심으로 쌓아올리고 무너뜨리고 그리고 매순간 새롭게 삶을 창조하는지" 묻는 여성이다. 왜 '여성적 자아가 주제인가'에 대한 대답은 울프가 댈러웨이를 호명하지 않고 소설적 자아로서 클라리사의 이름을 전면에 내세우는 데서 찾을 수 있다. 울프는 댈러웨이 속의 클라리사를 불러내고 싶었던 것이다.

《댈러웨이 부인》을 읽다 보면 울프의 삶이 많이 반영되어 있다는 것을 감지하게 된다. 그는 클라리사에게 자신의 모습을 투사한 것 같다. 그가 작가로서 누구보다도 독자적인 세계를 구축하고 있다는 자부심이 있으면서도, 자신의 작품에 대한 평론가와 독자의 평가에 매우 민감하게 반응했다는 것을 여러 편의 일기에서 확인할 수 있다. 특히 울프는 작가 캐서린 맨스필드(Katherine Mansfield)에 대한 경쟁심을 자주 드러내곤 했는데 그에게 맨스필드는 어떤 의미에서 프레너미(frenemy)였다.

작품에 등장하는 셀리와의 동성애적 관계, 셉티머스의 정신병과 자살은 우리에게 울프의 삶을 떠올리게 만든다. 소설에서 클라리사에게 자유를 준 남편 역시 울프의 남편 레너드의 모습과 흡사한 구석이 많다. 레너드는 울프가 요구한 성생활 없는 결혼 생활만이 아니라, 울프의 병을 인내하며, 그의 작가 활동을 돕기 위해 출판사를 운영했다. 그 곁을 지킨 세월이 30년이었다.

순간을 경쾌하게 즐기며
자유를 구가하고 싶어!

소설의 첫 장면은 일상적 실존에 머무는 클라리사의 모습을 스케치한다. 클라리사는 1923년 6월의 어느 날, 런던 본드 거리의 차 소리, 환호, 사람들의 발걸음, 햇살 등 삶의 경쾌한 리듬을 즐기고 있다. 그는 "어리석은지 알면서 신실하게 열정을 바쳐 그런 삶을 사랑"한다.

클라리사의 삶은 복합적이다. 그는 순간을 경쾌하게 즐기며 자유를 구가하고 싶은 평범한 의식의 소유자이자 동시에 여성의 정체성을 벗어나 하나의 인간으로서 살아가려는 인물이다. 그가 사랑하는 것은 그 앞에 있는 이것과 저것 그리고 오직 현재라는 순간이다. 클라리사는 지금보다 더 나은 삶을 살 것이라는 막연한 기대와 함께 벡스버러 부인처럼 "주름진 가죽 같은 피부와 아름다운 눈을 가진 검은 피부의 여인"이고 싶고, 남자처럼 "정치에 관심이 있고, 시골에 집을 가지고 있으며, 아주 위엄 있고 아주 신실"하기를 원한다.

다른 여자와 결혼했지만 평생 클라리사를 잊지 못해 불쑥불쑥 나타나는 피터는 클라리사를 그저 주부가 제격이며 유명인을 옆에 두는 것에 의미를 두는 속물로 본다. 또한 클라리사는 아르메니아인들의 인종 갈등에 대한 남편 리처드의 관심사를 외면한 채 파티에 필요한 자신의 장미를 더 소중하게 생각하는 여성이다.

우리는 모두
수감자 아닌가요?

그럼에도 클라리사는 또 다른 실존의 모습을 보여준다. 그는 어느 순간 엄습하는 실존적 불안을 민감하게 감지한다. 그는 "택시들을 바라보고 있을 때 밖으로, 저 멀리 바다로 혼자 나가는 느낌이 쉴 새 없이 들었다. 단 하루일지라도 산다는 것이 아주, 아주 위험하다는 느낌을 언제나 갖고 싶었다".

그는 삶의 감각적 기쁨의 실현과 삶의 소외 사이에 정처 없이 부유한다. 삶의 근원적 불안이라는 정서는 그에게 자기 정체성을 단언할 수 없게 만든다. 그래서 그는 스스로 '나는 이것이다, 저것이다'라고 말하지 않으려 한다. 근원적 불안과 정체성의 불명확성이 그로 하여금 희미하게나마 존재의 결핍을 느끼게 만든다.

그녀는 자신에게 부족한 것이 무엇인지 알 수 있었다. 그것은 아름다움이 아니었다. 그것은 마음도 아니었다. 그것은 무엇인가 중심을 이루고 고르게 퍼져나갈 수 있는 어떤 것이었다.

클라리사의 실존적 결핍감에는 소통에 대한 욕구가 숨겨

져 있다. 그에게 파티는 삶의 꽃, 삶에의 봉헌이며 사회 진출이 엄격히 금지된 상황에서 제공되는 거의 유일한 사회적 소통의 장이다. 파티는 그에게 각자 존재하는 실존을 서로 알게 하고 결합시키고 무엇인가를 '창조하는 것'이다. 주위의 인물들도 그에게 그러한 능력이 있다고 믿는다. 그러나 클라리사는 파티를 즐기지 못하며 파티를 열 때마다 "자신이 아니라 다른 어떤 존재가 되는 느낌을 받았다". 이 느낌은 우월한 존재, 상류층 부인으로서 느끼는 자부심이 아니라 무엇인가 낯설어지는 느낌이다.

무의미한 말의 교환, 의도적인 빈말, 화려한 겉모습과 달리 시간을 소비하고 있다는 느낌, 가면과 같은 껍데기의 화려함 뒤에 찾아오는 공허……. 파티는 그에게 얕은 기쁨이지만 낯섦, 소통의 부재라는 실존의 진실을 맛보게 만든다. 그가 막연하게 생각한 소통, 사귐, 자유는 거기에 없다. 결국 클라리사는 "우리는 모두 갇힌 수감자가 아닌가요?"라는 생각에 빠지게 된다.

선택한 자유와
선택된 부자유

이와 같은 클라리사의 실존의 한 장면은 애초에 그의 '선택'과 관련이 있다. 자유와 독립적 삶의 영역을 확보하기 위해 그는 피터를 선택하지 않고 리처드와 결혼한다. 피터는 모든 것을 공유하고 자신과 세세히 의논하길 원하는 남자이다.

이에 반해 리처드는 "결혼생활에서 조금은 제멋대로 할 수 있는 권리, 다소 독립된 부분"을 인정하는 사람이다. 클라리사는 결혼이라는 제도 속에서 사적 삶의 공간이 허락되지 않는다면 관계가 파괴될 것이라고 믿었다. 그래서 그는 자신의 삶의 공간을 이해하고 허용하는 리처드와 결혼한다.

그러나 클라리사는 자유를 추구하지만 자유를 실현할 독립적인 능력이 없는 여성이다. 클라리사는 자신에게 삶의 여유를 제공하는 남편 리처드에게 의지하고 그에게 보답해야 한다는 의무감을 갖고 산다. 클라리사는 리처드를 통해 여유로운 삶을 누리고 있다. 여성에게 소유권이 없던 시대에 클라리사의 선택은 불가피한 선택일 수 있다.

자유에 대한 그의 동경은 곧 다른 존재에 대한 의존적 삶으로 귀착되고 만다. 경제적인 여유를 제공한 남자에 대한 보은이라는 의무감에 사로잡혀 자기 검열이라는 구속에 갇히고 마는 셈이다. 자본주의 사회에서 경제적 독립 없는 자유는 허상에 불과하다는 사실을 클라리사는 우리에게 보여준다.

경제적 의존은 정서적 의존을 낳는다. 클라리사는 쉰둘의 나이를 인지하면서 남편이 자신을 보며 늙었다고 말할지, 괜찮다고 말할지에 대해서 걱정하는 그런 여성이 되었다. 삶에 대한 상념, 막연한 결핍감, 존재의 의미, 자기 영혼의 소중함에 대한 감각이 살아 있지만, 아직 추상적이며 피터의 그늘 아래 작동되고 있음을 클라리사는 알고 있다. 여성 클라리사는 이렇게 댈러웨이 부인으로 변한 것이다.

자세히 들여다보면 클라리사와 남편 리처드의 관계에서 자유와 독립은 애정과 불안에 기초한 연대의 성격이라고 보기 어렵다. 리처드는 가정에 소홀했고 클라리사는 리처드에게 사랑한다는 말을 듣지 못한다. 리처드는 클라리사에게 사랑한다고 말하려 하고 행복하다고 말해야 한다고 생각하지만 그저 꽃을 내밀 뿐이다. 민감한 클라리사는 그것이 의무와 책임의 마른 꽃임을 알아차린다. 부부라는 우정과 연대를 상징하는 꽃임을.

거울에 비친
두 얼굴

쉰둘의 나이에 접어든 여인 댈러웨이가 화장대 앞에 앉

The Rokeby Venus, c.1644 – 1648, Diego Velazquez

아 있다. 그는 화장대를 조용히 살펴보고 자신의 얼굴을 천천히 응시한다. 그 얼굴은 다른 누구의 얼굴도 아닌 자신의 얼굴이다.

그녀는 자신을 쳐다보았던가! 그녀는 거울을 들여다보면서 입술을 오므렸다. 그러면 그녀의 얼굴에 구심점이 생겼다. 날카롭게 화살같이 뾰족하고 명확한 – 그것이 자신의 모습이었다. 그녀 자신이 되려는 노력, 어떤 부름이 있어 조각조각들을 다 모았을 때의 그녀 모습이었다. 그녀 혼자만이 자신이 얼마나 다양하고 얼마나 양립할 수 없는 것들로 된 존재인지를 알았다. 그래서 세상에 보이기 위해서 스스로를 구성하여 하나의 중심, 하나의 다이아몬드, 거실에 앉아서도 만남 장소를 만들 수 있는 여인, 어떤 활기 없는 인생들에게는 의심할 여지없이 찬란한 빛, 외로운 이가 찾아올 수 있는 피난처가 되었으리라.

거울을 보며 댈러웨이는 '자기 자신이 되려는 노력'에 대해 생각해본다. 영혼의 독립성, 실존하려는 그는 서점에서 본 셰익스피어의 《심벌린》 속 대사 "이제는 더 이상 뜨거운 햇빛을 두려워 마라. 또한 매섭게 몰아치는 겨울의 눈보라도"를 떠올린다. 영혼의 자유를 추구하면서 동시에 세상에 자신을 연출하는 모습은 양립할 수 없다. 댈러웨이는 양극적 존재로서 자기 존재의 진실을 거울에서 본 것이다.

양극성

클라리사는 자신을 천부적으로 활발한 여성, '파티를 위해 태어난 존재'라고 믿지만, 그의 파티는 본질적으로 남편을 위한 파티, 남편의 정치적 활동에 보탬을 주기 위한 파티다. 자신의 파티인 듯하지만, 자신의 파티가 아닌 남편의 파티. 여성적 자아와 인간으로서 실존적 자아의 갈등의 공간, 두 자아의 양립성을 드러내는 공간이 파티다.

성의 문제와 관련해서도 클라리사는 기대와 좌절이라는 양극적 양상을 보여준다. 클라리사는 결혼 전 친구 셀리와 동성애 관계를 갖지만 리처드와 결혼한다. 그의 성적 경험은 동성애와 이성애라는 양극성 위에 놓여 있다. 그는 결혼 생활에서 성이 자신의 여성성을 만족시키는 것이라 여기며 결혼 생활에서 성의 역할도 잘 이해하고 있다.

딸 엘리자베스를 출산 후 몸이 좋지 않아 리처드와 성생활을 즐기지 못하게 되자, 클라리사는 자신의 침대가 점점 좁아져 모든 것이 끝날 것이라는 생각에 사로잡힌다. 성은 그에게 자기 존재의 또 다른 의미를 찾는 것이기도 하지만, 한 사람의 아내로서 남편에게 수행해야 할 책임 있는 행위

로 간주된다. 그런 그에게 성은 만족과 좌절을 맛보게 하는
양극적 경험을 부여한다.

셉티머스의 자살
– 삶과 죽음을 묻다

화장대 앞에서 클라리사가 깨달은 양립할 수 없는 이중적
사태, 곧 양극성에 관한 인식은 삶과 죽음의 양극성에 대한
실존적 의식으로 진화한다. 클라리사에게 죽음은 삶을 향
유하는 위치에서 먼 사건이지만 스스로 셉티머스의 죽음을
체화할 만큼 옆에 있는 가까운 사건이기도 하다.

소설에서 클라리사와 셉티머스는 단 한 번도 조우한 적이
없다. 울프가 연결 고리 없이 소설 중간중간에 셉티머스를
등장시키는 이유는 두 인물의 삶에 대한 인식의 대조를 통
해 삶과 죽음의 양극성이 단지 양극성으로 끝나는가를 들
추어보려는 목적인 듯하다.

셉티머스는 부인이 있는 젊은 남자다. 그는 제1차 세계대
전에 자원 입대했는데, 전쟁의 트라우마로 정신병에 시달
리다 끝내 투신 자살하고 만다. 그는 삶을 부정한다. 클라
리사는 셉티머스와 달리 정신질환이 전혀 없다. 성별, 나
이, 건강, 세계관 등 극명한 대조를 보임에도 불구하고 울

프는 셉티머스의 죽음을 통해 클라리사를 '죽음의 문제'로 이끈다.

클라리사는 창가에 떨어져 죽은 셉티머스의 자살 소식이 파티를 망치게 되었다고 생각한다. 그는 이내 비어 있는 작은 방, '삶의 한복판'인 그곳에서 삶과 죽음이 공존하는 것이라는 사실을 자각하며 그런 면에서 셉티머스와 자신이 같다는 묘한 기분에 빠져든다.

길 건너편 방에 늙은 부인이 똑바로 그녀를 응시하였다. 그녀는 자러 가고 있었다. (…) 그녀는 나를 볼 수 있을까? 사람들은 여전히 거실에서 웃고 소리치고 있는데 저 늙은 부인이 아주 조용히 침대로 가는 것을 보는 것은 매혹적이었다. (…) 청년이 자살을 했지만, 그녀는 그를 동정하지 않았다. (…) 저런! 늙은 부인이 불을 껐네! 이 모든 것이 계속되고 있는데 이제는 집 전체가 캄캄해졌다. 그녀는 되뇌었다. 한 구절이 떠올랐다. 더 이상 두려워 말라, 여름의 열기를. 그녀는 돌아가야만 했다. 하지만 얼마나 이상한 밤인지! 어찌된 일인지 그녀는 아주 많이 그 사람-스스로 자살한 청년-같다고 느꼈다.

클라리사가 매일 보는 하늘의 풍경을 새롭게 느끼는 것은 삶과 죽음에 대한 새로운 자각으로 나아가는 단초이다. 파

티에서 떠들썩한 소리와 셉티머스의 죽음에 대한 그의 무
감각은, '파티'로 대변되는 삶에 대한 애착과 '누구'로 대변
되는 죽음이라는 사건의 일상적 공존이 실존적 삶의 근본
상황임을 시사한다.

클라리사를 응시하다 자러 가는 늙은 여인은 젊음, 홀로
나이 듦, 그리고 죽음으로 가는 삶의 과정에 관해 응시할
것을 촉구하는 시선이다. 클라리사가 늙은 여인이 조용히
잠을 자러 가고 불을 끄는 모습에서 두려움을 느끼는 이유
는 어제처럼 내일도 그 늙은 여인이 일어나 일상의 삶을 살
수 있지만, 불 끔으로 비유되는 죽음을 맞이할 수도 있다는
것에 대한 감각 때문이다.

죽음과 삶의 양극성은 형식적 양극성이며 실제로는 '동근
원적임'을 클라리사는 깨닫는다. 셉티머스와 자신이 묘하
게 동일하다는 기분이 그것을 말해준다. 절망하지 않고 위
와 같은 실존적 감각을 받아들임으로써 그는 다시 파티로
돌아가며 자신의 삶 속으로 들어간다.

다시 삶의
파티 속으로

지금까지의 이야기는 모두 단 '하루' 사이에 벌어지는 일

이다. 니체의 '마지막 인간'도, 하이데거 '다스만'도, 성찰의
단상도, 삶과 죽음의 동근원성과 일상성에 대한 인식도 그
하루에 압축되어 있다. 그리고 다시 삶의 한가운데로 돌아
가는 클라리사가 어떤 삶을 살아갈지에 대해 소설은 독자
의 상상에 맡긴다.

파티로 돌아간 클라리사는 여전히 친절한 말과 태도로 파
티를 이끌 것이고 저명인사와의 교류를 버리지 못할 것이
다. 삶의 바로 뒤에 있는 죽음을 자각한 실존의식은 그가
삶으로 다시 돌아가 자신의 양극적 삶을 지속적으로 살게
할 것이다. 단지 조금 더 그것에 민감해질 것이다. 죽음을
맞이하기 전까지 클라리사는 변함없이 런던의 거리를 거닐
게 될 것이다. 때론 경쾌한 상류층 부인으로, 때론 영혼의
자유로운 바람을 맞으며, 때론 셉티머스로, 때론 자기 소
외의 우울함을 안은 인간으로, 때론 더 이상 남편의 눈으로
사물을 보지 않는 여성으로…….

런던 거리에서 그가 어떻게 서 있을지 단언할 수 있는 것
은 아무것도 없다. 실존과 일상은 그렇게 얽혀 있다. 어찌
보면 실존과 일상의 얽힘을 의식하는 것이 인간의 운명이
고 실존의 모습인지 모른다. 선택과 결단, 절대자유와 절대
고독을 주장하는 것보다 울프가 보여주는 클라리사의 삶의
풍경이 우리에게 더 가까운 실존의 풍경이지 않겠는가.

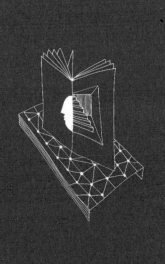

Chapter 14

장화를 찢어버리는 방법

사무엘 베케트

Samuel Beckett

1906 ~ 1989

사무엘 베케트는 그 어떤 작가보다 요란하고 화려하게 살 수 있었으나 늘 고독한 산책자로 살기를 원했고 그렇게 살 았던 인물이다. 한때 레지스탕스 운동에 관여해 게슈타포 의 체포 대상이 되기도 하는 등 사회적으로 활발히 활동했 던 그는 작가로서는 철저히 은자의 삶을 살았다. 작가로서 그는 사람과 세상으로부터 최대한의 거리를 의식적으로 유 지하려 노력했다. 특히 아내가 죽고 난 후엔 더욱 스스로를 격리했다. 1969년 노벨상을 수상했을 때도 그는 시상식에 참여하지 않았을 뿐더러 그와 관련된 인터뷰를 일체 거부 했다. 세상과의 거리두기와 자기 세계로의 몰입은 그의 글 쓰기의 자양분이 되었다.

그의 대표작 《고도를 기다리며(En Attendant Godot)》가

1953년 파리의 소극장에서 초연될 때만 해도 이 작품이 고전 중의 고전이 되리라고 생각한 이는 아무도 없었다. 기존의 연극과 달리 기승전결의 플롯도 없고, 특별한 사건도 일어나지 않으며, 무엇을 말하는지 메시지를 찾기도 매우 어렵기 때문이다. '2막으로 된 희비극'이라는 부제를 달고 있는 이 작품은 카타르시스의 연극 미학이 존재하지 않는다.

고도(Godot)라는 정체불명의 어떤 인물을 그저 기다린다는 내용뿐이다. 무대 위엔 시골길과 그 길 위에 서 있는 나무 한 그루가 전부다. 그 밖의 어떤 무대장치도 등장하지 않는다. 때는 저녁, 다음 날에도 같은 곳, 같은 시간이다. 회색의 무대는 연극이 끝날 때까지 전혀 변화가 없다. 달라짐이 없는 멈추어버린 시간 속 풍경 같다. 아니 무시간 속에 정지해 있는 장면을 옮겨왔다는 표현이 정확한 것 같다. 그 무대 위에서 그림자 같은 사람들이 의미 없는 말들을 주고받는다.

베케트, 그는 왜 그러한 무대를 설정했을까. 그의 무대는 연극 무대 이상의 의미를 지닌다. 처음부터 끝까지 회색의 무대를 설정한 그는 분명히 무엇인가를 말하고 있다. 화려한 궁정도 아니고 사람 냄새가 배어 나오는 따뜻한 무대가 아닌 회색의 무대. 분홍의 무대와 초록의 무대에 익숙해진 관객에게 저 회색의 무대는 낯설고 당혹스럽다. 회색의 무대는 그에게 삶의 무대, 실존의 공간을 드러내는 연극적 장치이다. 삶의 무대는 우리의 소망처럼 꽃이 피어나고 따듯한 햇살이 비치지만은 않는 공간이라는 것을 그는 우리에게 보여주려 한다. 그것은 우리가 애써 보지 않으려 했고 받아들이고 싶지 않은 삶의 진실의 한 조각, 눈을 감고 긴 호흡을 해야 받아들일 수 있는 그 진실을 그는 감히 들추어낸다.

고도는 도대체 누구인가
혹은 무엇인가?

《고도를 기다리며》의 주인공은 떠돌이 에스트라공과 블라디미르이다. 그 밖에 포조, 럭키, 소년이 등장한다. 1막에서 주인 포조와 짐꾼 럭키는 주인과 노예로 등장하는데, 2막에서는 두 인물의 관계가 뒤바뀐다. 이 둘의 관계가 전복적 삶의 가능성을 보여준다고 볼 수도 있겠지만, 블라디미르와 에스트라공의 기다림의 무료함을 달래는 연극적 장치로 보는 편이 타당하다.

블라디미르와 에스트라공, 대립적인 두 인물을 베게트는 떠돌이로 설정한다. 무대라는 실존적 삶의 공간은 떠돌이들의 공간이 된다. 떠돌이는 무엇인가 찾으려는 사람, 하지만 아직 찾지 못한 사람이다. 그 떠돌이 곁에 포조와 럭키가 등장한다. 실존의 공간을 떠돌다 만나는 두 보조 인물은 그저 아는 사람이기도 하고 인생의 소소한 사건이나 사건을 의미하는 듯하다.

작품에서 에스트라공은 속물적이고 평균적인 일상인을 대변한다. 그는 기다리고 있는, 혹은 기다려야만 하는 고도를 계속해서 '잊는' 인물이다. 그는 '지금, 여기, 왜'라는 질문을 멈춘 즉물적인 인간이다. 한편 블라디미르는 고독한 사색자이다. 누구보다 고도를 간절히 기다린다. 존재의 의미가 오직 고도에게 있는 듯 그는 자신과 에스트라공에게 고도를 기다려야 함을 지속적으로 상기시킨다.

그렇다면 고도는 도대체 누구인가 혹은 무엇인가? 사무엘 베케트는 대답을 제시하지 않았다. 관객 스스로 그 대답을 찾길 바란다. 자, 이제 그 답을 찾아 《고도를 기다리며》 속으로 들어가보자.

새로운 것을 추구하지만
새로운 것이 없는 아이러니

에스트라공이 흙더미에 앉아 장화를 벗으려 한다. 숨이 가쁘도록 무수히 장화를 잡아당겨 보지만 좀처럼 벗겨지지가 않는다. 베케트는 에스트라공의 이런 반복적인 시도를 "전처럼 해 본다"라고 적고 있다. 연극의 시작 장면에 등 장하는 이 장화 벗기 장면에서 우리가 눈여겨봐야 할 것은 '반복'이다.

장화는 신발만을 의미하지 않는다. 일상인의 장화는 반 복되는 일상, 새로울 것이 없는 일상을 의미한다. 에스트라 공은 벗겨지지 않는 장화를 왜 굳이 벗으려고 할까? 아마 도 에스트라공은 일상을 벗어나고 싶은지도 모른다. 장화 벗기를 탈일상의 시도라고 본다면 벗겨지지 않는 장화는 탈일상적 경험의 불가능성을 의미한다. 마치 베케트는 처 음부터 끝까지 오직 이 평범이 지배하는 일상만이 존재한 다고 말하고 있는 듯하다.

그와 같은 생각은 공감할 만하다. 새로운 것을 얻어도 익 숙해지면 곧 아무것도 아닌 것이 된다. 원했던 지위에 올라 도, 간절히 바라던 사람을 품에 들여도 마찬가지다. 새로운 것을 추구하지만 새로운 것은 존재하지 않는다. 그래서 인 생은 회색이고, 우리는 회색의 무대에 익명으로 존재하는 누구누구 그 이상도 이하도 아니지 않을까라고 베게트는 우리에게 묻는다.

한편 장화는 우리가 살아가면서 느끼는 일상의 무게나 삶 의 짐일 수도 있다. 탈주와 회귀의 순환 운동이 일상의 무게이고 누구나 가지고 있는 시지프스의 돌이 삶의 짐이다. 도저히 받아들일 수 없는 편견, 관습, 관례에서 벗어나고 싶지만 벗어날 수 없음의 상징이 장화일 것이다. 두 주인공이 그랬던 것처럼 우리도 "전처럼 해본다". 또 해볼 것이다. 하지만 좀처럼 장화는 벗겨지지 않을 것이다. 우리는 '전처럼'에 익숙해졌기 때문이다. '다르게 해보지 않을 만큼' 우리는 장화의 자력에 붙들려 있다. 회의하지만 우리는 그렇게 붙들려 있다.

그렇다면 해방의 방법은 무엇인가? 벗을 수 없다면 장화를 찢어버리는 것이다. 그러나 에스트라공은 그런 생각을 하지 못한다. 아니 할 수가 없다. 그는 삶의 무게로부터 벗어날 수 없는 평범한 인간이기 때문이다. 욕구하지만 일어날 수 없는 전복적 사건이 바로 삶이며, 굴레와 같은 짐을 지고 가는 인간 군상으로서의 우리가 바로 에스트라공이다. 아마도 베케트는 '당신이 에스트라공이 아닌가?'라고 우리에게 묻고 있는 것 아닐까.

행복이라는
최면술

인간은 회색 무대로서 삶의 무게와 고통에서 벗어나길 꿈꾼다. 혹은 무엇인가 다른 세계의 가능성을 꿈꾼다. 그렇지 않은 사람은 아무도 없다. 그래서 인간은 반복적으로 그리고 끊임없이 시도한다. 장화 벗기를! 때로는 의식적으로, 때로는 기계적으로.

그러한 행동의 궁극적 목적은 바로 행복이다. 아리스토텔레스가 말하듯이 행위 단위의 목적은 각각 다르지만, 그 이면은 행복이라는 궁극의 목적을 향하고 있다.

에스트라공: 내가 뭘 말해야 하지?

블라디미르: 나는 행복해라고 해.

에스트라공: 나는 행복해.

블라디미르: 나도 행복해.

에스트라공: 나도 행복해.

블라디미르: 우리는 행복해.

에스트라공: 우리는 행복해. (침묵) 우리는 행복하기 때문에 뭘 해야 하지?

블라디미르: 고도를 기다려야지. (에스트라공은 신음한다. 침묵)

과연 에스트라공과 블라디미르는 행복한가. 행복해서 고도를 기다리는 것일까. 대본 속 침묵의 의미는, 실존의 의미를 행복에서 찾지만 원하는 행복에 도달하지 못했다는 것, 아직 고도를 기다려야 할 만큼 행복은 불확실하다는 것을 드러낸다. 충분히 행복한데도 정체불명의 고도를 기다리는 이 미묘한 실존적 상황이라니.

에스트라공과 블라디미르의 대화에는 행복의 중요성에 대한 인식, 행복의 결핍, 행복에 대한 회의, 행복의 가능성에 대한 물음 등이 복잡하게 얽혀 있다. 그들은 우리가 그러하듯이 행복이 삶에서 중요하다는 일반적 믿음을 스스로 학습하고 있을 뿐이다. 이 자기 학습은 부드럽고 따뜻한 존재 의미를 구성하기도 하지만 때론 강박을 낳는다는 것을 우리는 안다.

아주 건조한 말, "행복해서 고도를 기다려"가 말해주듯이 그들은 기다린다. 실은 그들은 행복하지 않아도 고도를 기다릴 것이다. 그런 의미에서 고도가 완전한 행복을 상징한다고 보기 어렵다. 행복으로만 설명될 수 없는 실존의 어떤 의미로서 '고도'가 아닐까, 라고 생각할 수 있지만 두 주인공에게 고도는 아직 드러나지 않는 실체이다. 그래서 그들은 기약 없이 기다려야 한다.

에스트라공: 어디로 갈까?
블라디미르: 멀리 갈 순 없지.

에스트라공: 아냐, 아냐, 여기서 멀리 가버리자.

블라디미르: 그럴 순 없지.

에스트라공: 왜?

블라디미르: 내일 다시 와야 할 테니까.

에스트라공: 뭣 하러 또 와?

블라디미르: 고도를 기다리러.

에스트라공: 참 그렇지.

대사에서 확인할 수 있듯이 두 사람이 고도를 기다리며 지껄이듯 내뱉는 희극적이며 반어적인 표현이나 욕하기 등은 그들이 살아 있다는 것을 스스로 확인하는 유일한 수단이다. 특별히 진지한 대화를 통해 '무엇인가'를 찾고 탐구하는 담론을 두 인물은 보여주지 않는다.

에스트라공과 블라디미르의 대화는 지루한 기다림의 시간을 채우기 위한 유희처럼 보이기도 한다. 그들의 행동도 그저 공중을 가를 뿐, 거기엔 별 의미가 없어 보인다. 블라디미르가 "고도가 올 때까지 무엇을 하지?"라고 물을 때 에스트라공은 "목이나 맬까" 하고 답한다. 블라디미르는 "그러면 그게 일어서겠지"라고 맞장구를 친다.

'고도'라는 무엇인가에 대한 기다림, 그를 만나는 것 이외의 모든 것은 아무 의미를 갖지 못한다. "목이나 맬까"라는 극단적 방식을 통한 죽음의 희화화가 고도가 유일한 의미의 원천임을 잘 보여준다. 포조와 그의 짐꾼 럭키의 등장, 그 둘과 블라디미르와 에스트라공의 지루함을 이기려는 장난들, 특히 럭키를 놀잇감으로 즐기는 장면도 '올 때까지 기다리려는 몸부림'이다. 동시에 이 장면과 "목이나 맬까"라는 대사는 실존의 의미를 찾지 못하고 허우적거리며 표류하는 우리 인간의 모습을 확인할 수 있게 해준다. 인간의 행동과 말 중에 과연 유의미한 것, 진실이 얼마나 있을까 하는 블라디미르의 의심이 이를 말해준다.

무료와 권태
삶의 공허

에스트라공과 블라디미르의 대화에서 특이한 것은 '잊음'이 반복된다는 점이다. 에스트라공은 어제 무엇이 일어났고 뭐가 어떻게 되었는지를 기억하지 못한다. 그는 무료한 기다림을 견디기 위해 춤추기, 체조, 심심풀이 장난을 즐겼던 럭키와 포조도 기억하지 못한다.

이 반복적인 '잊음'은 그의 실존이라는 회색 무대에서 기억할 만한 사건, 즉 존재의 심연에 파문을 일으킬 만한 사건이 발생하지 않았다는 것을 의미한다. 근본적이고 파격적인 사건의 부재는 무료와 지루함, 권태를 낳는다.

이 권태는 쇼펜하우어가 말하는 부유한 자들에게 부여되는 형벌로서의 권태나 영원히 살 수 있는 천국의 무료함에서 오는 권태가 아니다. 기억될 만한 사건이 일어나지 않는 무대인 실존의 공간 자체가 곧 무료함과 권태라는 것이다. 베케트는 '잊음'의 반복을 통해 어제의 사건이 오늘의 시점에서 의미를 갖지 않는다는 것, 삶은 애초에 공허한 것이 아닐까라는 자신의 생각을 시사한다.

한편 에스트라공과 블라디미르의 무료함과 권태는 '지금 여기'의 실존적 시간의 없음에서 오는 것인지 모른다. 고도를 기다리기 때문에, 그를 기다리기 위해 세월을 보내기 때문에 에스트라공과 블라디미르는 무료하다. 만약 고도를 기다리지 않고 스스로 고도이고자 한다면 그들은 어찌 될까. 그들의 무료함과 권태, 지겨움을 이겨내려는 장난의 시간은 니체가 말하는 가장 뜨거운 시간, 자기 실존을 만들어가는 위대한 정오의 시간으로 바뀌지 않을까.

하지만 이런 생각은 반(反)베케트적인 생각이다. 삶 자체는 의미 부재의 공간에 지나지 않으며 실존적 의미 찾기 역시 헛된 것일지 모른다는 것이 베케트의 머리 한쪽을 채우고 있는 것처럼 보이기 때문이다.

희극도 비극도 아닌
실존의 민낯

앞서 보듯이 블라디미르와 에스트라공에게 고도는 절대적인 의미를 갖는다. 그들은 마치 존재의 의미를 고도에게서만 찾을 수 있다고 믿는 듯하다. 종교나 신앙처럼, 신격화된 이데올로기처럼, 고도는 절대적 심급으로 격상된다. 허황되기 그지없는 이런 일이 왜 벌어질까. 실제로 우리에게도 다른 이름으로 표현되는 고도가 있긴 하지만 왜, 반드시 절대적 심급이 되어야 할까.

아마도 그것은 고도가 실존의 공허함을 채워줄 수 있는 그 무엇이기 때문이다. 어쩌면 고도가 오고 안 오고는 별 의미가 없다. 역설적이게도 고도란 대단한 것이 아니라 에스트라공과 블라디미르의 실존의 의미를 채워주는 허상의 그 무엇, 그들 스스로 만들어낸 가상의 존재일 수 있다.

그런가 하면 고도는 '빵'의 상징일 수 있다. 왜냐하면 블라디미르는 고도의 집에서 '배불리 먹고 따뜻한 짚을 깔고 잘 수 있다'는 희망을 피력하기 때문이다. 물적 결핍의 투사로서 고도를 생각해볼 수 있는 것이다.

그것도 아니라면 고도는 '신'이 아닐까. 블라디미르와 에스트라공이 구세주와 함께 못 박힌 두 도둑과 그중 한 도둑

Prophets, 1911, Egon Schiele

의 구원을 말하는 장면과 태어난 것에 대한 참회를 말하는 데서 그 단서를 찾을 수 있다. 하지만 베케트는 신을 썩 사랑했던 인물은 아니다. 우리가 그에게 키에르케고르의 면모를 읽어내려는 것은 과도한 종교적 심성의 발휘가 아닐까 싶다.

고도는 '의미 없는 것에 대한 무한한 의미 부여의 부질없음'의 다른 이름이라는 생각이 든다. 이런 관점에서 보면 《고도를 기다리며》는 비실존인 한 개체로서의 인간에 대한 이야기에 불과하다. 고도는 '의미 없음'과 '목적 없음'이라는 실존의 부조리 자체임과 동시에 블라디미르와 에스트라공이 찾아내야 할 내면의 자기이다. 이와 같은 양의적 의미와 관점이 베케트가 말하고자 했던 실존의 부조리성을 가장 잘 드러내는 방식이다.

이것이 다일까? 그렇지는 않다. 아마도 베케트는 실존의 부조리성을 보여주는 것 그 이상으로 무엇인가를 말하고 싶었을 것이다. 그가 수수께끼하듯이 숨겨놓은 말은 진정한 자기 자신 혹은 내면의 자기 목소리를 들어야 한다는 외침이다.

그러나 진정한 자기 목소리로서의 고도는 완전히 파악되지 않는다. 왜냐하면 베케트가 생각한 것처럼 우리는 내면의 목소리를 찾고 자기 자신이고자 하지만 그것은 늘 불안전하고 미완성으로 남을 수밖에 없기 때문이다. 이것이 실존의 사태 자체인 한 비극이라고 생각할 필요는 없다.

위와 같은 맥락에서 《고도를 기다리며》의 마지막 문장은 매우 의미심장하다.

둘은 그러나 움직이지 않는다.

이것이 베케트가 우리에게 꼭 건네고 싶었던 말이었을 것이다. 실존하고자 하는 인간이 가질 수밖에 없는 운명! 희극과 비극, 그 무엇으로도 덧칠할 필요도 이유도 없는, 우리들의 실존의 풍경이 이 말에 담겨 있다.

자기 서사의 순간들이 우리를 기다린다

소크라테스 이전과 이후, 비트겐슈타인 이전과 이후, 우리의 개별 이성이 활동을 한 이래로 우리는 의식적이든 생애사적 감각에서든 삶, 삶의 의미, 실존의 진실을 물어왔다. 하지만 지금 우리 시대는 점점 물음을 던지기 힘들어지고 있고, 물음을 던지는 일에 지쳐가고 있다. 우리에겐 고독할 시간도, 질문을 던질 시간도 쉽게 허락되지 않는다. 질문을 던지기 위해서는 니체의 표현처럼 정든 고향의 호숫가를 떠나 산으로 들어가는 결단을 해야 할 만큼 존재론적 용기가 필요하다. 사회적 시간의 속도를 쫓아가는 데도 버겁기 때문이다.

우리 시대는 모든 것이 속도로 환원된다. 생각의 속도,

접속의 속도, 이동의 속도, 줌과 받음의 속도, 신뢰의 속도, 학습의 속도, 적응의 속도, 일의 속도, 버림의 속도, 유행의 속도, 경쟁의 속도, 생활의 속도와 같이 우리는 속도를 따라가는 데 생의 에너지를 소진시키고 있다. 우리를 강제하고 적응을 요구하며 무기력하게 만드는 속도의 체제가 우리를 왜소하게 만드는 야만의 얼굴이다.

속도의 체제에 스스로를 끼워넣느라 우리는 불안하다. 너무 빨라도 불안하고 너무 느려도 불안하다. 일을 해도 불안하고 일을 하지 않아도 불안하다. 노동의 속도라는 거대기계 앞에서 우리는 점점 더 왜소해지고 있다. 불금을 외치지만 놀아도 논 것 같지 않은 느낌, 놀지만 별 재미도 없는 느낌은 강박에 스스로를 동원한 데서 오는 감정이다. 놀이 그 자체가 놀이의 주인이 되었기 때문이다.

왜소해진 인간의 소외는 넓고 깊고 크다. 시간을 내서 친구를 만나려 하면 그 친구는 어제의 나처럼 바쁘고 어렵사리 만나 나눈 이야기는 다른 누군가에게도 들은 허공을 떠도는 낱말들의 조합이다. 나를 소진하고 서로를 소비한 만남에서 의미를 찾기가 점점 더 어려워진다. 회사원, 부모, 배우자, 학생, 아들딸이라는 역할 놀이가 종종 드라마의 주인공처럼 눈물과 웃음을 선사하기도 하지만 때론 자동 역할 기계 노릇 같기도 하다. 'So ist das Leben(그것이 인생이다)'이라고 누군가 잊지 않고 말을 던진다.

사랑의 불꽃이 잠시 우리를 신선하게 하지만 얼마 지나지 않아 의무와 배려의 꽃이 그 자리를 대신한다. 가끔 사랑의 위대함을 기억해내려 우리는 노력한다. 뫼르소의 시간, 기계적인 리듬에 묻혀 사는 우리는 '아니오'라고 말하는 것을 잊어버렸다. 그것을 열심히 산 징표라고 위안해주는 이도 있지만, 그건 자기기만의 생의 알리바이를 만들어 그저 모호한 편안함을 즐기라는 거짓 평화의 말일지 모른다. 무감각과 달콤한 자기기만이라는 이상한 변증 놀이에 빠져 헤어나지 못하기 전에, 나의 언어를 완전히 잃어버리기 전에 무엇인가를 해야 한다.

'지금 여기'라는 실존의 시간에 우리에게 필요한 것은 고독, 자기 응시, 질문, 탐구, 결단, 자기 파괴와 창조, 탈주의 미덕이다. 그 미덕의 크기가 우리 존재를 확장시키고 삶의 의미와 자기 창조의 재미를 만들어갈 것이다. 탈주의 자유와 바람을 일으키고 삶의 희열을 폭발시킬 것이다.

자기 서사를 써내려가는 삶의 예술가는 의사처럼 무언가
를 약속하지 않는다. 자기 서사는 과정의 연속이고 시도의
예술이기 때문이다. 예정된 시간은 존재하지 않는다. '지금
여기' 발을 내딛는 순간, 자기 서사가 시작된다. 봄, 여름,
가을, 겨울 그리고 다시 봄처럼 늘 같은 것 같지만 다른 자
기 서사의 순간들이 우리를 기다린다.

실존주의자들에게
인생의 즐거움을
묻다

초판 1쇄 발행 | 2018년 10월 29일

지은이 | 이하준
발행인 | 노승권

주소 | 경기도 파주시 회동길 354
전화 | 031-870-1053(마케팅) 031-870-1061(편집)
팩스 | 031-870-1098

발행처 | (사)한국물가정보
등록 | 1980년 3월 29일
이메일 | booksonwed@gmail.com
홈페이지 | www.daybybook.com

책읽는수요일, 비즈니스맵, 생각연구소, 지식갤러리, 라이프맵,
사흘, 피플트리, 고릴라북스, 스타일북스, B361은
KPI출판그룹의 단행본 브랜드입니다.